Gabriele Hefele
Frauen zwischen Welten
Porträts, Gespräche, Interviews, Anekdoten

Zur Autorin

Dr. Gabriele Hefele schrieb mit 17 Jahren ein Fernsehspiel für die ARD, arbeitete neben dem Studium beim Bayerischen Fernsehen, war u.a. Chefredakteurin einer Jugendzeitschrift und Pressechefin der Langenscheidt Verlagsgruppe in München. Sie schrieb Glossen für diverse Medien von „Cosmopolitan" bis „Weltwoche", verdankte diesem Talent eine Einladung zum Klagenfurter Publizistikpreis. Sie lebt seit 2001 in Andalusien, war Reporterin für Radio Onda Cero Internacional in Marbella, langjährige Kolumnistin bei „SUR-deutsche Ausgabe", Málaga und „New Mallorca". Schreibt nun mehr online etwa in pagewizz.com und gestaltet seit 2014 eine renommierte Webseite in und für Spanien:
www. onlinemagazinspanien.info.

Bisher erschienen folgende Bücher von ihr:

Motorradfahren mit Spaß und Verstand (vergriffen)
Kann Erfolg denn Sünde sein - Erfahrungen einer Karrierefrau (vergr.)
Mein andalusischer Gärtner
Spanien für Fortgeschrittene (Hörbuch)
Wie der Herr, so´s G´scherr
Saunageflüster - worüber Frauen tuscheln, lachen, lästern
Raro, das europäische Wunderpferd
Kuriose Tage - Originelle Gedenktage übers Jahr
Andalusien ist anders
...oder man zieht aufs Land (Was macht die Kuh im Swimmingpool)

Und im Autorenteam von „ENCANTO", Fotobuch über die Feria in Jerez

Mehr auf ihrer Autoren-Webseite: www.historiette.jimdo.com

Gabriele Hefele

Frauen zwischen Welten

Porträts, Gespräche, Interviews, Anekdoten

Bibliografische Information der Deutschen Nationalbibliothek:
Die Deutsche Nationalbibliothek verzeichnet diese Publikation in der Deutschen Nationalbibliografie; detaillierte bibliografische Daten sind im Internet über http://dnb.dnb.-de abrufbar.

Herstellung und Verlag: BoD - Books on Demand, Norderstedt

Satz: Georgia
Titelgestaltung: Gabriele und Reinhard Hefele
Fotos im Buch: alle Reinhard und Gabriele Hefele, wenn nichts anderes beim jeweiligen Foto erwähnt

ISBN: 978-3-753-425009

Für bemerkenswerte Frauen

Para buenas mujeres

For all tough women

Inhaltsverzeichnis

Anhang

Vorwort -
Das ist das Jahrhundert der Frauen!

Diesen Satz zum 21. Jahrhundert* hört man sogar oft genug von Männern. Ich glaube unerschütterlich daran, gab ich doch bereits in den 90er Jahren Studentinnen den Rat: *„Durchhalten und fit bleiben!"*

Aber es bleibt schwierig mit der Umsetzung der Überschrift, das kann ich in meinem Beruf als Journalistin und nach unzähligen Zusammentreffen mit Frauen und Männern aller politischen Coleur, vieler Berufsstände, Managementstufen und quer durch europäische Länder, beurteilen.

Nun, am Rand der Pensionierung, blicke ich auf erfüllte 40 Berufsjahre zurück und fände es schade, wenn so viele meiner gedruckten oder gesendeten Begegnungen vergessen würden, dazu bin ich als Journalistin, zugegeben, auch zu eitel. Gut, ich habe auch Männer interviewt, aber Margarethe von Trotta, eine der ersten großen Frauen in meiner Berufstätigkeit in München, sprach mir aus der Seele: *„Weil mir zu Frauen mehr einfällt, da kenne ich mich besser aus."*

---

* Die Mehrheit der Gespräche und Interviews sind seit 2004 geführt worden.

So habe ich bemerkenswerte Frauen in diesem Band zusammengefasst. Sie alle sind nicht die üblichen Prominenten, mich haben mehr regional „auffällige" Frauen interessiert, nicht unbedingt „Vorbilder", aber sie alle haben mindestens eine hervorstechende Eigenschaft.

Allen gemeinsam ist, dass sie wirklich zwischen Welten stehe: Das mag die zwischen Beruf und Haushalt und Kindern sein, zwischen mehreren Jobs, zwischen zwei Sprachen, einer Kultur und einer anderen, meist zwischen eigenem Anspruch und Vorurteilen, wohl auch zwischen Erwartung und Enttäuschung, Erfolg und Neid. Deshalb dieser Titel.

Und dass mir keine/r mit dem Satz komme: *„Hinter jeder erfolgreichen Frau stehe ein starker Mann"*! Die Umkehrung jenes oft gebrauchten Wortes von der starken Frau hinter dem Mann á la Nancy Reagan, die Zeiten sind zum Glück vorbei.

Viel besser trifft es da der Satz von Johanna Mayerhofer:

WIR BRAUCHEN EINE NEUE GENERATION AN MENSCHEN

Gabriele Hefele

Die Auswanderin -
Träume verwirklicht

Reiterhofbesitzerin Elisabeth Costa, eine
„Mutter der Kompanie"

Die Schweizerin und Ex-Hoteliere Elisabeth Costa ist mit ihrer Finca Siesta weit über die Costa del Sol hinaus bekannt, sie hat immer ein offenes Ohr für die Sorgen von Mensch und Tier. Sie ist die liebenswert chaotischste Person, die man sich vorstellen kann, mit einem großen Herzen, hilfsbereit und großzügig: Kaum zu zählen, wie vielen Menschen sie beim schwierigen Start an der Costa del Sol unter die Arme gegriffen hat, für wie viele sie einfach eine Flasche Rotwein öffnete und sich die Sorgen geduldig anhörte.

Dabei hat sie an Stress und Wirbel genug um die Ohren: Da ist ein Reiter-Ferienhof zu versorgen mit 17 Pferden und Ferienwohnungen, da wuseln 10 zugelaufene Hunde herum und da ist noch Familie und Angestellte nicht zu vergessen, die auch noch jeden Tag bekocht sein wollen.

Wann und wie kamen Sie an die Costa del Sol?

Das war 1987 durch Bekannte, die ebenfalls einen Reitstall in unmittelbarer Nachbarschaft hatten. Bei ihren Besuchen in der Schweiz, meiner Heimat, und in Deutschland und Österreich, Länder in denen ich vor Spanien lebte, haben mir meine Bekannten immer wieder von den 330 garantierten Sonnentagen im Jahr erzählt und mir Andalusien von Jahr zu Jahr näher gebracht. Lebensqualität für Mensch und Tier waren das Ausschlaggebende, dass ich mich für ein Leben in Andalusien entschieden habe, und so sind wir mit fünf Pferden und zwei Hunden vor über 20 Jahren an die Costa del Sol übergesiedelt. Auf einen Flecken Erde, der unserem Wunschdenken zu 100 Prozent entsprach, in unmittelbarer Nähe zum Meer, mit Weiden für die Pferde und wunderschönen Ausreitmöglichkeiten.

Wie sah es damals in der Umgebung Ihrer Finca aus und wie hat sich das jetzt entwickelt?

Wir hatten nur eine Handvoll Nachbarn und eine

wunderschöne Landschaft, in der wir stundenlang aus-
reiten konnten. Allerdings hatten wir auch viele Ent-
behrungen zu ertragen, so warteten wir zum Beispiel
vier Jahre auf den Telefonanschluss, und wir hatten in
den ersten Jahren in etwa jeden dritten Tag Stromaus-
fall, des weiteren gab es in der näheren Umgebung keine Krankenhäuser. Mit dem Komfort sieht ja nun alles
anders aus, es gibt genügend Kliniken, die Straßen
wurden ausgebaut und Telefon und Stromversorgung
funktionieren einwandfrei.

*Ist das tägliche Leben an der Costa del Sol schwie-
riger geworden und was bedeutet das für Sie heute?*

Der Luxus brachte natürlich auch seine Nachteile.
Durch den starken Bauboom wurde selbstverständlich
auch unser Umfeld in Mitleidenschaft gezogen: Unseren langen unbeschwerten Ausritten ins Hinterland
können wir heute nur noch nachtrauern, da uns die
Möglichkeit durch die vierspurige Küstenstraße unterhalb und die Autobahn weiter oben bis auf ein Mini-
mum genommen wurden. Somit mussten wir unseren
Reitbetrieb komplett umstrukturieren. In erster Linie
konzentrieren wir uns nun auf Reitunterricht und auf
die Ausbildung von Reiter und Pferd. Aber das tägliche
Leben ist wahrscheinlich nicht nur an der Costa del Sol
heute schwieriger als in vergangenen Jahren. Dies ist
allerdings eher ein Problem, das durch unsere weltpoli-

tische und –wirtschaftliche Situation entstanden ist. Es gibt mit Sicherheit viele Länder und Regionen, in denen es sich schlechter lebt.

Nun sind Sie auch als aktive Tierschützerin bekannt, lesen verlassene Hunde auf und suchen ein neues Zuhause für sie – wie bringen Sie das auch noch organisatorisch unter?

Wir freuen uns, gerade über unsere langjährigen Kontakte auch Tieren helfen zu können. Obwohl sich in den letzten Jahren in Sachen Tierschutz einiges positiv entwickelt hat, kann es nie genug sein, etwas für unsere vierbeinigen Freunde zu tun.

Aus diesem Grund bieten wir seit neuestem Patenschaften für einige unserer Pferde an. Gegen eine Beteiligung an den Futter und Hufschmiedkosten - die Unterkunft wird von uns voll getragen -, können Sie ein Patenpferd wie ihr eigenes betrachten. Sie können es pflegen, reiten und liebkosen, ohne es kaufen zu müssen. Mein Arbeitstag würde sich dadurch ein wenig einfacher gestalten und meine Seele etwas mehr Ruhe finden, wenn ich liebe Menschen um mich und meine Tiere wüßte.

Wie halten Sie eigentlich dieses Tempo und diesen Trubel täglich aus, was ist Ihr Geheimrezept?

Zu meinem arbeitsreichen oft turbulenten Leben

sei gesagt, dass alles in einer gewissen Regelmäßigkeit liegt. Kraft schöpfe ich täglich aufs neue, wenn ich sehe, dass es meiner Familie und meinen Tieren gut geht. Bei 17 Pferden und 10 Hunden ist das tägliche Tempo so hoch, dass ein Tag wie der andere vorüber fliegt und mir keine Zeit bleibt, Müdigkeit zu zeigen.

Gibt es einen Traum, den Sie bis jetzt nicht verwirklichen konnten und dies noch möchten ?

Ich denke, dass ich die meisten meiner Träume verwirklichen konnte. Meine noch nicht verwirklichten Träume bleiben mein Geheimnis, denn wenn man keine Träume mehr hat, ob für sich oder andere, ist das Leben so gut wie vorbei.

Die Unternehmerin –
Das Problem der Pionierin

*Sabine Beer, Gründerin, Mitinhaberin der Natur-
kosmetikfirma Santaverde, im Bild mit einem ihrer
Vorarbeiter auf der Aloe-vera-Finca*

Allein die Anekdote zur Firmengründung ist fast
romantisch zu nennen: Die Hamburgerin Sabine Schür
erwarb 1985 mit ihrem zukünftigen Mann Kurt Beer
eine Finca in Andalusien, um dort die Ferien zu ver-
bringen. Ein Nachbar sprach sie auf ihre Akne-Proble-
me an und gab ihr ein frisches Aloe-Blatt zur Behand-
lung ihrer Haut. Sie war begeistert von der schnell
sichtbaren Wirkung. So fing sie an, ihre eigenen
Cremes anzurühren, lagerte sie im eigenen Kühl-
schrank, brachte sie nach Deutschland und klapperte

die Drogerien und ersten Bioläden ab. Bei Sabine Beer kam die norddeutsche Gründlichkeit durch, sie nahm den Vertrieb in die eigene Hand, von Anfang an mit zwei Standorten: der Verwaltung und dem Marketing in Hamburg und dem Anbau von heute über 200 Tonnen Aloe-Pflanzen auf der Zwei-Hektar-Finca am Ortsrand von Estepona.

18 Jahre lang hielt sie durch, bis sie schwarze Zahlen schrieb, und das nur *„weil mein Mann Immobilienkaufmann war und ich selbst in der familiären Kunststofftechnikfirma in Hamburg mitarbeitete".* Dann kamen in Deutschland die Grünen mit an die Regierung, Folge auch eines neuen Umweltbewusstsein und Geburtsstunde des Bio-Booms. Dass besonders die "Aloe vera bardensis Miller" eine wahre Wunderpflanze sei, sprach sich herum, Santaverde hatte ab da einen leichteren Stand. Santaverde stellte Leute ein, organisierte professionell die Produktionskette.

Angeblich war 2006 ein besonderes Jahr für Sie?

Das kann man wohl sagen. Mit José Maria Pérez Torrecilla trat ein spanischer Partner mit in die Firma ein. Er ist nun verantwortlich für den Pflanzenanbau und deren aufwändige Pflege. Wir zogen mit unserer Produktion von einer Halle im Industriegebiet in einen lichten Neubau auf der eigenen Finca. Neben der Produktionsstätte entstand auch ein eigenes Qualitätslabor dort. Vertrieb und Marketing organisieren wir weiterhin von Hamburg aus.

Im selben Jahr engagierten Sie sich auch in Brasilien? Was machen Sie dort?

Wir kauften eine Facenda im Nordosten Brasiliens mit Cashewbäumen, die unsere Santaverde-Produktion ergänzt. Die Kerne der Cashewäpfel ergeben einen wertvollen Saft, dem wir auch Aloe vera zuführen und das ergibt unsere Edel-Linie. In diesem armen Nordosten Brasiliens schaffen wir Arbeitsplätze und unterstützen zudem mit 10 Prozent unseres Gewinnes ein soziales Projekt mit Kleinkrediten für Frauen. Das alles findet statt im Gebiet des Amazonaszuflusses Xingu, weshalb wir unsere neue Antiaging-Marke „Xingu" nach diesem Fluss benannten. Mit dieser Initiative wollen wir ein Gegengewicht zum Raubbau des Regenwaldes schaffen, der vor allem im Xingu-Gebiet jetzt betrieben wird.

Wenn Sie dies selbst vor Ort beobachten können, was ist Ihr Eindruck?

Es ist grauenvoll, was wir dabei beobachten. Gerade auf dem Xingu werden die gefällten Holzstämme zur Amazonasmündung transportiert, auf dem zurück gelassenen gerodeten Boden werden Zuckerrohrplantagen angebaut, die nur zwei bis drei Jahre Erträge ergeben, ähnlich ist es mit Weideland für Vieh. Danach ist der Boden ausgelaugt und wertlos. Mit unserem Projekt „Caatinga" aber wollen wir die Rechte besonders von Mädchen und Frauen unterstützen und zeigen, dass kleine Unternehmungen mit biologischem Anbau im Regenwald überlebensfähig sind.

Was machen Sie anders als Ihre Mitbewerber?

Wir werben mit unserer Rezeptur: 100 Prozent Aloe-Wirkstoffe und kein Wasser, wie oft üblich. Aloe vera wächst eigentlich nur in einem Gürtel in der Nähe des Äquators, aber die Costa del Sol mit ihrem subtropischen Klima bringt eine besonders widerstandsfähige Pflanze hervor. Sie hat nachgewiesenermaßen circa dreimal so viel gehaltvolle Wirkstoffe, weil sie Temperatur- und Klimaschwankungen aushalten muss, die im Winter hier schon einmal auf nur fünf Grad herunter gehen können. Wir schälen die Blätter von Hand, damit keine Inhaltsstoffe der Blattschale, das nicht zulässige Aloin, in den weiter zu verarbeitenden Rohstoff gelangen. Industrialisiert man diesen Prozess wie große amerikanische Firmen etwa, die das ganze Blatt zunächst maschinell ernten und verarbeiten, so müssen die in einem extra Filterungsprozess mit Aktivkohle diesen Stoff herausfiltern. Dabei geht viel wichtige und „gute" Aloeverose und wertvolle Mineralien verloren. Und ganz wichtig: wir geben keinen Schritte der Produktion aus der Hand, um die Kontrolle vom biologisch kontrollierten Anbau, über die ebensolche Ernte, den Verarbeitungsprozess bis zu Vertrieb und Marketing auszuüben und somit den Namen „echte Naturkosmetik", versehen mit allen wichtigen Bio-Stempeln – inklusive Null Tierversuchen -, zu verdienen.

Das Problem der Pionierin

Sie steigerten die Mitarbeiterzahl innerhalb der letzten fünf Jahre von 20 auf 30 Mitarbeiter, weisen zweistellige Zuwachsraten beim Umsatz aus – also eine rosige Zukunft?

Santaverde wird heute in Deutschland nicht mehr nur in Bioläden geführt, sondern von der edlen Parfümeriekette Douglas angeboten, wird mit großem Erfolg in Italien, Frankreich, Österreich und der Schweiz verkauft. Wir schafften den Sprung nach Asien, zum Beispiel nach Hongkong, und stehen vor der Eroberung des Osteuropa-Marktes. Doch wir werden nun mit den Problemen eines jeden Pioniers konfrontiert: Jetzt steigen auch die große Kosmetikfirmen wie L´Oreal oder Beiersdorf in den Markt der Naturkosmetik ein, den unter anderem wir bereitet haben.

Die Tierschützerinnen –
engagiert bis hartnäckig

Johanna Mayrhofer, die eine Jakobswegwanderung mit Hunden organisierte. Heute organisiert sie beruflich Wanderungen in Spanien

Der Typ Tierschützerin ist durchsetzungsfähig, oft hartnäckig bis lästig (für andere), hat natürlich mehrere eigene Tiere und zerwirft sich früher oder später mit seinem Verband. Dieser Eindruck drängt sich einem zumindest auf.

Johanna Mayrhofer:

Was bewog Sie, sich so explizit für den Tierschutz zu engagieren?

Leider ist die noch immer sehr drastische Situation der verlassenen Haustiere nicht zu übersehen. Ich habe häufig Straßenhunde ins Tierheim gebracht und bin so aufmerksam geworden auf die Notwendigkeit, dem Verein, der nur noch aus einer handvoll erschöpfter Aktivisten, alles Ehrenamtliche, bestand, zu helfen,

Sie haben spektakuläre PR-Aktionen organisiert, zum Beispiel die international beachtete Wanderung auf dem südlichen Jakobsweg mit Hunden. Wie ging das vor sich?

Insgesamt musste man sieben Wochen 1.187 Kilometer wandern, wenn man alle Etappen mitmachen würde. Die hat übrigens ein englischer Bergführer zusammengestellt. Die einzelnen Wochen sind kein Pappenstiel, schon die erste hatte es in sich mit insgesamt 189,5 Kilometer von Estepona über Gaucin, Ubrique nach Sevilla – 2.500 Höhenmeter werden dabei überwunden und die längste Tagestour umfasst sogar 33,5 Kilometer, sonst waren es im Schnitt 24,4 Kilometer! Wir hatten das Glück, die Hunde oft auch ins Hotel mitnehmen zu dürfen; an anderen Tagen verbrachten sie die Nacht in einem Camp, das wir neben den Begleitfahrzeugen aufbauten, die Hunde waren im Freien und jemand schlief im Zelt daneben. All diese Wander-

Hunde waren ursprünglich Strassenhunde und lebten im Tierheim von Estepona. Sie wanderten stellvertretend für ihre Freunde aus dem Tierheim bis nach Santiago de Compostela. Ziel war, mit Tieren für Tiere zu demonstrieren, zu mehr Respekt vor Tieren aufzurufen, natürlich auch Spendengelder für ein neues größeres Tierheim zu sammeln.

Es hat sich alleine schon wegen der tollen Wanderung ausgezahlt, und wegen der vielen Gespräche mit den Menschen auf unserem Weg. In Salamanca gab es sogar ein großes Begrüßungsfest für uns. Wir haben viele Sponsoren für die Hunde gewonnen, auch sehr viel Aufmerksamkeit der lokalen Fernseh- und Radiosender.

Und was auch sehr toll war, unser kleinster Teilnehmer „Manta", ein ganz süßer Yorkshireterriermix, wurde am letzten Tag adoptiert.

Es wird auch hin und wieder Kritik laut über einen "Tier-Tourismus" armer Hunde nach Deutschland, obwohl es doch genug bedürftige Kreaturen in den deutschen Tierheimen gibt.

Die Tiere, die wir ins Ausland schicken, werden ausschließlich über uns bekannte Tierheime vermittelt. Wir haben die Kontaktadresse aller unserer Hunde. Natürlich gibt es auch in Deutschland Tiere, die auf ein

Zuhause warten, allerdings stellen die von uns ge-
schickten Tiere keine Konkurrenz dazu dar. Es gibt
dort eine größere Nachfrage nach kleinen Hunden und
bestimmten Rassen. Wir vermitteln auch sehr viele
Tiere in Spanien, und arbeiten intensivst daran, diese
Zahl ständig zu erhöhen, aber Wunder können wir
auch nicht bewirken.

*Wenn Sie drei Wünsche frei hätten, was würden
Sie sich als Tierschützerin wünschen?*

1. Eine neue Generation von Menschen, die bewusster
   mit Leben umgeht.

2. Mehr Unterstützung seitens der Behörden

3. Mehr Aktivisten statt Kritiker!

Jutta Bauer:

*Jutta Bauer auf dem Flohmarkt mit einem Second-
handangebot zugunsten der Tiere.*

Unser geliebter Welshterrier Bingo starb an den
Folgen eines zu spät erkannten Blasensteins schon mit
sieben Jahren. Bei seinem Tod tat ich einen Schwur,
von da an Hunden zu helfen. Ich fragte im Tierheim an,
ob ich helfen könne. Ich stellte mir vor, ich kämme und
pflege die Hunde. Als ich aber dort ankam, drückte
mir Fernando, bis heute die gute Seele von ADANA,
erst einmal einen Besen in die Hand zum Fußböden-
schrubben. Wir verstanden uns blendend und ich lernte viel über das Verhalten von Hunden. Das hat mir
auch die Angst vor großen Hunden genommen. Nach
einiger Zeit nahm ich Kontakt mit der Leitung des Tier-

heims auf, da ich einiges zu verbessern sah. Ich tat mich mit anderen deutschen Tierfreunden zusammen, bei der nächsten Generalversammlung konnten wir im Einvernehmen mit allen einen Teil der Leitung der Tierheims übernehmen. Wir waren eine tolle Gruppe und legten uns auch mächtig ins Zeug: Es entstand die Tiervermittlung, die tierärztliche Betreuung wurde organisiert und vieles mehr.

Doch die Auseinandersetzungen kamen mit dem Bau des neuen Tierheimes. Fakt ist jedoch, dass die Planung nicht so verlaufen ist, wie es wohl hätte sein müssen, und nachdem der damalige Präsident seinen Hut nehmen musste, die neue Präsidentin aber im selben Stil weiter machte und letztlich nichts mehr zusammen passte, haben mein Mann und ich unseren Ausstieg verkündet. Auch Johanna Mayrhofer, die so einen guten Job mit dem Jakobsweg mit Hunden getan hatte, verließ den Verein.

Sie geben ja nicht auf, welche Veranstaltungen organisieren Sie weiterhin zugunsten der Tiere?

Wir, die alte Clique sozusagen, arbeiten jetzt für die Tiernothilfe e.V., die Patenschaften für verlassene Hunde organisiert und dann gute Familien für sie in Deutschland findet. Dafür suchen wir übrigens immer Flugpaten für verschiedene Flughäfen. Es entstehen keine Kosten, die Mühe ist gering und der Lohn ist, einem Tier zu einem glücklicheren Leben verholfen zu haben. Ich organisiere mit Erfolg den Tier-Brunch im Hotel oder auf Fincas befreundeter Tierschützer, Tanztees, auch einen Weihnachtsbasar und vieles mehr. Immer geht dabei der Erlös an die Tiernothilfe für Futter und Ausstattung.

Sie können sicher viel erzählen, was war bisher Ihr schönstes Tiererlebnis?

Ach, da gäbe es viele! Nur ein Beispiel: Direkt hinter dem Markt fütterte ich eine scheue Podenco-Hündin. Ich konnte sehen, dass sie ein gebrochenes Bein hatte. Nach mehreren Tagen des Fütterns konnte ich feststellen, dass sie ein Band um den Hals hatte, das schon eingewachsen war. Panik erfüllte mich, ein anderer Tierschützer besorgte jemanden mit einem Betäubungsgewehr und es gelang dann, sie schlafend zu fangen. Sie wurde dann sofort operiert. Sie bekam nach einiger Zeit ein gutes Zuhause in Holland.

Die Pferdeflüsterin

Simin Nadjafi Hinrichs, Spiritual-Horsemanship

Simin Hinrichs- wie kommt es zu diesem Namen?

Eigentlich heiße ich Simin Nadjafi Hinrichs - meine Mutter ist Deutsche und mein Vater Afghane. Er besuchte in den 6oer Jahren in Kabul die Deutsche Schule, schnitt als Schulbester ab und erhielt so ein Stipendium für das Studium der Geophysik in Hamburg. Dort lernte er meine Mutter kennen. Ich bin also in Hamburg geboren, dort aufgewachsen und habe auch dort

Abitur gemacht.

Und wie kamen die Pferde in Dein Leben?

Meine Mutter setzte mich bei ihren Ausritten vorne vor sich aufs Pferd, als ich erst zwei Jahre alt war. Mit drei kletterte ich dann aufs erste Pony und ließ mich auch durch Stürze von eigensinnigen Ponys nicht abhalten, wieder aufs Pferd zu gehen.

Wie ging es nach Deinem Abitur in Hamburg weiter, was hast du für eine Ausbildung?

Ich wollte zunächst Jura studieren, merkte aber bald, dass mir das zu trocken war und so kam ich über eine Bewerbung bei der Henri-Nannen-Schule zum Journalismus, arbeitete zum Beispiel beim Norddeutschen Rundfunk, für Spiegel-TV. Pferde und Reiten waren immer mein Hobby, bis dahin hatte ich aber nicht daran gedacht, das zum Beruf zu machen.

Die weiteren Stationen in Deinem Leben?

- waren zunächst Ibiza. Spanisch als Sprache hatte mich immer schon fasziniert. Ich hatte zunächst auf Ibiza einen Laden mit afghanischen Teppichen aufgemacht, habe auch gut Geld verdient. Und dann kam der 9. September 2001 mit all den Folgen: Mithilfe meiner guten früheren Kontakte zu den Hamburger Medien hier und über meine Eltern habe ich drei **große Benefizkonzerte auf Ibiza für Afghanistan** organisiert.

Ich schaffte es durch persönliche Kontakte, Eric Burdon und Nina Hagen etwa dazu zu gewinnen. Mein Vater konnte mit diesen Geldern und seitdem weiteren Spenden dort ein Waisen- und Frauenhaus für 60 Kinder eröffnen. (*siehe auch www.kufaev.de*).

Ich habe dann in Barcelona im Eventbereich gearbeitet, vorher meinen Teppichladen auf Ibiza verkauft und mein Pferd, einen Lusitano (portugiesische Ursprungsrasse, Anm. der Autorin) mit nach Barcelona genommen.

Und wie kamst Du zum Team von Monty Roberts?

Inzwischen war ja sein Buch („The man who listens to horses") erschienen, das mir voll aus der Seele sprach. Und nachdem ich gerade in Spanien sehen konnte, wie problematisch man vor allem in der klassischen Ausbildung immer noch mit Pferden umgeht, nahm ich Kontakt zu Monty auf. Ich sah auch endlich die Möglichkeit für mich, meine Profession, also Event-Organisation, und mein Hobby, die Pferde, ideal miteinander zu verbinden. Ich überzeugte Monty von der Wichtigkeit einer Tour gerade in Spanien und so nutzten mir meine guten Kontakte besonders in Barcelona und Madrid, Monty Roberts 2005 auch in Spanien bekannt zu machen.

Neugierig gefragt: Wir erlebten ja Monty Roberts

live als sympathisch, souverän, auch als echten amerikanischen Marketing-Profi, wie ist er denn so aus nächster Nähe?

Also Monty ist einfach prima, seine Lehre, das „Join up", vom gewaltfreien Umgang mit Pferden einfach spitze, und ich mag seinen Humor! Er hat allerdings auch den Ruf, obwohl ich das selbst bei mir nicht erlebt habe, dass er mit Menschen und deren Fehlern weniger Geduld hat als mit Pferden.

Nun bietest Du Dein eigenes Programm an, zunächst erstaunlicherweise in Zusammenarbeit mit einem bekannten spanischen Reiter, Luis Ortega Camacho, der vier Jahre lang zur Equipe der Königlichen Hofreitschule in Jerez gehörte, Ausbilder auch für Stierkampfpferde, Sohn des berühmten Stierkämpfers Rafael Ortega mit seiner eigenen Zucht von Toro Bravo – wie vertrug sich das mit den Monty Roberts-Methoden?

Sehr gut! Luis kommt von der klassischen Dressurausbildung und dem spanischen Vaquero-Stil, aber er gehört zu der jüngeren Generation, der sich mit mir in Monty's Credo trifft: Gewaltfreier Umgang mit den Pferden - ihre „Equus"-Sprache verstehen, sich aber dennoch Respekt verschaffen als Autorität, als ihr „Herdenchef" sozusagen. Unsere Stile ergänzten sich, sehr zum Vorteil der Pferdekunden. Und über ihn kam ich auch zur Aquatherapie für Pferde, dem Schwimmen mit Pferden im Atlantik.

Jetzt biete ich mit einem anderen Partner an der Costa de la Luz Reiter-Urlaub und Seminare zu den Themen Horse healing, Leadership Training, Animal Communication & Equestrian Arte unter der eingetragenen Marke CentAura in einem kleinen Reiterhof an, bei dem Leute mit ihren Problempferden kommen und teilnehmen können.

Die reisenden Freundinnen -
Durch das Land des Dschingis Khan

Pat Brooke und Doris de Monchy in der Mongolei

Wie kommt man überhaupt auf die Idee, ausgerechnet in der Mongolei zu reiten?

Doris: Mein Sohn Laurenz leitet seit 1998 die Mer-
cedes-Vertretung in Ulan Bator - dort werden die
LKWs hauptsächlich gebraucht beim Abbau der Gold-
minen: Wer weiß schon, dass die Mongolei die größten
Goldvorkommen hat? 2004 besuchten wir meinen
Sohn das erste Mal, nach einer langen Anreise über
Moskau und Peking und von dort in einer der zwei ein-
zigen Maschinen der mongolischen Airline nach Ulan
Bator.

Pat: Dort machten wir einen Tagesausflug auf Dromedaren in die Wüste Gobi. Danach hat uns diese einsame und unglaublich schöne Landschaft so fasziniert, dass wir uns vornahmen, eine ausgedehntere Reiterreise durch die Gobi zu machen.

Und wie hat man sich so einen Wanderritt in der Mongolei konkret vorzustellen – da gibt's ja wohl keine Hotels oder Pensionen?

Pat: Also für uns beide gab es sechs Leute Begleitpersonal, eine mongolische Führerin, in Deutschland ausgebildete Gynäkologin übrigens, eine Köchin, drei weitere Begleiter für und mit Pferden und die Essensversorgung, ein Chauffeur vom Begleitfahrzeug unter anderem mit dem 500-Liter-Wassertank. Unser „Hotel" war eine typische Jurte, die täglich abends für uns auf - und am nächsten Morgen wieder abgebaut wurde.

Doris: Vergiss nicht das extra kleine Zelt für die mitgeschleppte Camping-Toilette! Übrigens ist es in der Jurte sehr gemütlich, da wird ein Ofen aufgestellt abends und eingeheizt, nur die Betten waren viel zu kurz für uns - ich schlief da lieber auf dem Boden.

Pat: Ich hatte bei der Länge meiner Beine Schwierigkeiten, ein passendes Pferdchen für mich zu finden.

Welche Pferde reiten denn die Mongolen?

Doris: Das sind die Nachfahren des Ur-Pferdes des

Przewalski-Pferdes, also russischen Ursprungs. Die leben im Herdenverbund, unsere Pferde wurden früh aus der Herde geholt und kamen abends wieder zurück zur Herde. Das sind keine schluffigen Schulpferde!

Pat: Wir ritten sieben bis neun Stunden am Tag und gingen mit dem Sonnenuntergang müde aber glücklich schlafen.

Doris: Nach herrlichen Tagen in diesem wunderschönen Land. Man begegnet durchziehenden wilden Kamelherden, die Pferdeherden müssen gegen Wölfe bewacht werden. 33 Millionen Tiere gibt es in der Mongolei. Die Mongolen sind nach wie vor Nomaden mit viel Respekt vor der Natur.

Pat: Ich vergesse nie den Morgen, als ich das Zelt öffnete und direkt vor meiner Nase eine Herde von circa 300 Yaks weidete. Und die Vögel zwitscherten.

Doris: Man muss so viel aufsaugen von dieser Landschaft, man wird ganz klein in dieser Weite. Es ist auch ganz trocken und windstill mit einer so klaren Luft, dass man einen Reiter in weiter Ferne sehen kann.

Sie müssen doch aber ganz schön abgehärtet sein?

Pat: Wir sind zäh! Aber die russischen Militärsättel, die wir hatten, kann ich nicht empfehlen. Doch wir hatten ja Doris' Aloe-Creme dabei.

Doris: Ja, ohne die und meinen Lippenstift gehe ich nirgendwo hin! Und Du hast immer Dein Augen-Make-up und Deinen Tee dabei!

Pat: Und Whisky, um das schwere Essen gut zu verdauen.

Was gab es denn zu essen ?

Doris: Das ist ganz faszinierend: der mongolische Hotpot. Unsere Begleiter schlachteten dazu eine Ziege, darauf kommt eine Lage Steine, die heiß aus dem Feuer kommen, dann wieder eine Lage Fleisch, Gemüse und wieder Steine, bis zum Topf-Rand so abwechselnd. Also das Essen ist eine Bombe! Dann gibt es noch Stutenmilch und Eier in Öl - alles sehr fett. Du würgst das eben runter. Denn die Einheimischen geben einem immer das Beste, das sie haben.

Pat: Aber bei der Anstrengung und Kälte in der Wüste braucht man das Fett. Doch abgenommen haben wir trotz der Anstrengung nicht.

Die deutsche Stierkämpferin

Janette Bleeker, die einzige deutsche Stierkämpferin

***W**ie kamen Sie zum Stierkampf?*

Das begann mit meinem ersten Besuch eines Stierkampfes bei der Feria in Sevilla 1987, zu dem mich damals mein bester Freund mitnahm, der bereits in Andalusien lebte. Da geschah etwas mit mir: Ich war fasziniert von der Atmosphäre, von der Begeisterung der

Leute, von der Schönheit des Toreos (Stierfechtkunst), von der Auseinandersetzung mit dem Stier, von dem Zusammenspiel aus Sol y Sombra. Ich war sozusagen von Anfang an mit dem Corrida-Virus infiziert, war aber selbst zunächst entsetzt über meine eigene Reaktion. Ich fuhr dann zurück nach Hamburg, setzte mich erst einmal ein halbes Jahr täglich in die Universitätsbibliothek und verschlang alles an Büchern was ich zu Stieren, deren Geschichte und Mythos sowie den uralten Opferritualen finden konnte.

Aber vom Besuch eines Stierkampfes bis zum selbst in der Arena kämpfen - das ist doch ein Riesenschritt?

Das ist wahr, das ging irgendwie auch schleichend bei mir. Zunächst einmal wollte ich einen Spielfilm über eine Stierkämpferin drehen – schließlich ist mein Beruf Dramaturgin und Regisseurin. Und um das Drehbuch glaubwürdig schreiben zu können, mich in die Hauptfigur hineindenken zu können, dachte ich mir, ich lerne das am besten selbst vor Ort. Und so begann ich mit 29 Jahren die Ausbildung in der Stierkampfschule von Jerez, die ich zwischen 1988-1992 besuchte. Einer meiner Lehrer war Antonio Lozano, der damals nicht viel von Frauen in der Arena hielt. Heute ist er Apderado (eine Art Manager) der Stierkämpferin Sandra Moscoso, die teilweise besser kämpft als ihre männlichen Kollegen.

Und die hatten nichts gegen Frauen auf dem Gebiet?

Mit offenen Armen wurde ich nun nicht empfangen, aber ich wurde auch nicht gemobbt. Übrigens waren zu der Zeit noch zwei weitere Frauen an der Ruta del Toro unterwegs. In Madrid gab es auch drei Mädchen,eine von ihnen war die 15jährige Christina Sanchez. Es ist sehr anstrengend, besonders als Ausländerin und Fremde, sich in die Tauromaquia hinein zu versetzen und diese intellektuell und körperlich zu bewältigen. Nicht nur, dass man zum Beispiel die einzelnen Figuren mit Capote und Muleta bis zu 200mal täglich hintereinander übt, damit sie ins Unterbewusstsein übergehen, denn in der Arena kann man nicht mehr nachdenken, da darf man sich keinen Fehler erlauben.

Sie sind nun also „gelernte Torera"?

Um es korrekt zusagen: Novellera, das heißt, ich kann in der Arena auftreten im Kampf mit Jung-Stieren, ebenso beim Tentadero, dem unblutigen Test der Zuchtkühe.

Das beinhaltet also auch „eine Lizenz zum Töten" ? Und das macht Ihnen nichts aus ?

Ich habe zwar nie in der Arena getötet, aber ja, das bedeutet, dass ich die Ausbildung als Torera vor mehr als 20 Jahren absolviert habe. Ich möchte dazu erwäh-

nen: Ich bin als Bauernkind in der ländlichen Graf-
schaft Bentheim, Niedersachsen, aufgewachsen, wo ich
von Kindesbeinen an ein natürliches Verhältnis zum
Tod hatte. Mit fünf Jahren habe ich bereits meinen
Vater beim Schlachten von Schweinen und Rindern
begleitet, wo ich sogar manchmal den Eimer zum
Blutsammeln halten musste. Ja, deshalb habe ich ein
relativ natürliches und aufrichtiges Verhältnis zu Tieren. Mir war schon sehr jung bewusst, dass das Flei-
schessen mit Blut und Tod zu tun hat. Etwas, dass heute von unserer Gesellschaft schlichtweg verdrängt
wird. Doch was mich wirklich an der Tauromaquia fasziniert, ist die Kunst des Stierfechtens, für die Spanier
ist das kein Sport, sondern eine Kunstform, das Spiri-
tuelle, das Philosophische und Symbolische am Auftritt
in der Arena. Und ja! Auch die Bedeutung des Stiers.
Ein Stier, der in der Arena stirbt, hat für die Menschen
ursprünglich eine symbolträchtige Bedeutung, denn
dieser Tod steht eng mit der gesamten Kulturgeschich-
te in Verbindung. Besonders in Spanien, wo die Stier-
kultur bis Ende des letzten Jahrhunderts eine kulturelle Identität darstellte.

*Handelt es sich nicht um falsch verstandene
Emanzipation? Müssen wir wirklich in allem den
Männern nacheifern? Stehen wir Frauen nicht vor al-
lem für das Leben?*

Was ist das für eine Frage! Frauen hatten seit jeher, besonders in den Zeiten des Matriarchats und im Altertum, eine besondere Beziehung zum Tod und zum Stier, denken Sie nur an die Gründungslegende unseres Europas. Die Verbindung aus Frauen und Stieren war während des Matriarchats bedeutsamer als die zu Männern. Weshalb hat man wohl den Minotaurus erfunden? Als Ausgeburt der Sünde von Frau und Stier wurde er zur Legitimation eines tödlichen Kampfes gegen den Stier und somit auch der ‚Turningpoint' ins Patriarchat. Als Fruchtbarkeitssymbol wurde er im Lauf der Jahrhunderte das wertvollste Opfertier der Menschheit, das Artemis dargeboten wurde. Im Mittelalter, als sich der Katholizismus immer stärker durchsetzte, wurde er dann der Kampfpartner der Männer und Grandes, die sich mit ihm als Sparringpartner auf Kriege vorbereiteten, wobei die positive Symbolkraft des Stiers für den Plebs bei Stiertreiben bis heute große Bedeutung hat. In Spanien gab es weibliche Torereos vor allem im 18. und 19. Jahrhundert. Dass sie dann - weit vor Franco - 1908 verboten wurden, wie böse Zungen behaupten, weil sie so großen Erfolg hatten und die Arenen füllten.

Aber muss einem nicht der Stier, der friedliche Pflanzenfresser, leid tun, der die Regeln des Kampfes nicht kennt, der unbefangen in die Arena stürmt? Ist das nicht unfair?

Es geht überhaupt nicht um Fairness! Denn eigentlich kennt das menschliche Prinzip keine Fairness; Fairness ist lediglich ein Legitimationsbegriff, um sich vermeintlich ethisch ‚sauber' zu halten. Eigentlich handelt sich sich bis heute irgendwie um ein Opferritual und die Toros bravos, die dafür gezüchtet werden, spüren bereits in der Arena, dass es um Leben und Tod geht, die riechen den Tod in der Arena und sie kämpfen bis zum Tod. Die Kuh, die zum Schlachter geführt wird - ist das nicht viel unfairer? Die riecht auch den Tod, wenn sie ins Schlachthaus kommt, aber die wird viel zu häufig bei lebendigem Leib im Schlachthaus auseinander genommen. Keiner hat ein Problem damit, weil es nicht öffentlich geschieht. In der Arena hat ein guter Stier die Chance zu überleben, begnadigt zu werden. Er wird immer würdig behandelt, noch über seinen Tod hinaus. Er erhält einen eigenen verdienten Applaus des Publikums am Ende in der Arena, wo dann seine Seele mit Peitschenschlägen in den Himmel entlassen wird. Welches Schlachtrind hat diese Chance?

Anmerkung der Autorin: *Ich bot dieses Interview zuerst der „Emma" an, erhielt dann als Absage: „Wir sind grundsätzlich der Meinung, dass eine Frau jeden Beruf ergreifen können muss, aber wir sind gegen Stierkampf."*

Die Golferin

Nancy Mohn: „Wenn der Rhythmus stimmt, stimmt alles"

Ein internationaler Lebenslauf: Nancy Mohn hat eine Bremerin zur Mutter, einen Norweger zum Vater, wurde 1940 in Holland geboren, als der Vater in Amsterdam die Dependance eines Tabakkonzerns leitete, kam nach Deutschland, nach Bremen und Freiburg, um Krankengymnastin zu lernen, verbrachte ein Praxisjahr in Kanada und lebt seit Mitte der 80er Jahre in Sotogrande, gegenüber Gibraltar.

Kommen Sie aus einer sportlichen Familie und Tradition?

Das kann man so sagen. Ich habe in meiner Jugend in Holland viel Tennis und Hockey gespielt, also Grashockey, wurde mit der Mannschaft meines Geburtsortes Bloemendaal holländischer Hockeymeister, war Jugendmeisterin im Tennis, wurde auch schon in Bremen in einem der neben Hamburg und München ältesten und traditionsreichsten Golfclubs Vereinsmeisterin. Ich hatte damals übrigens ein Handicap von 5.

Wie kamen Sie über Tennis und Hockey zum Golfen? Sind diese Sportarten denn miteinander zu vereinbaren?

Als Krankengymnastin hat man schon von Berufs wegen **ein gutes Ballgefühl** und außerdem dachte ich mir, als ich mich selbständig machte: Da lernst du gut zahlende Patienten kennen! Das klappte dann auch nach circa vier Jahren Ausüben des Golfsports, und nachdem ich das erste Mal dort Vereinsmeisterin wurde. Und zum zweiten Teil Ihrer Frage: Eigentlich nicht, ich spiele jetzt nur noch Golf, denn drückt man mir einen Tennisschläger in die Hand, hole ich so aus, dass ich den Ball über die ganze Anlage dresche.

Kein Wunder, damit sind wir bei Ihren vielen Pokalen und Siegen, wie kamen Sie nach Valderrama und zu den Clubmeisterschaften der Damen?

Zunächst einmal wie viele Residenten hier zum Urlaub, des Wetters und des Golfparadieses wegen, Anfang der 80er Jahre. Da spielte ich zunächst auf dem Sotogrande Golfplatz, dem ersten und ältesten in Sotogrande, später „Royal". Mitte der 80er Jahre entschlossen wir uns, eine Freundin, die ich schon aus Bremen kannte, und ich, für immer hier herunter zu ziehen. Als Valderrama dann konzipiert wurde, von Patiño, da dachte ich mir: Was der in die Hände nimmt, kann nur gut werden, und wurde Valderrama-Clubmitglied Nummer 20. Meine sechs Clubmeisterschaften der Damen gewann ich alle so in den 90er Jahren. Anfangs, das muss ich zugeben, war das keine große Leistung mangels Gegnerinnen, da spielten wir das vielleicht unter 12 Damen aus, aber dann wurde es schon schwieriger gegen circa 30 Konkurrentinnen. Ich habe übrigens immer kritisiert, dass wir nur 18 Löcher spielten und nicht wie in Bremen über zwei Tage lang insgesamt 54 Löcher. Dann ist es nicht nur eine Frage der Tagesform oder des Glücks, bei 3x18 muss man schon wirklich beständig gut sein.

Sie spielten auch bei den Internationalen Spanischen Seniorenmeisterschaften - und wie war das mit dem Weitschlagrekord?

In Sotogrande wurden damals auch Mitte der 90er Jahre zweimal hintereinander diese Seniorenmeisterschaften mit einer Beteiligung von 16 Ländern veranstaltet, da bin ich besonders stolz darauf, im Einzel und im Doppel mit meiner norwegischen Partnerin Siri McEwen siegreich gewesen zu sein. Den Long-Distance-Wettbewerb veranstaltete letztes Jahr Volvo und ich gewann ihn mit 240 m, doch ehrlichkeitshalber sei gesagt, mit Rückenwind. Aber die Gegner hatten ja dieselben Bedingungen. Heute hinke ich meiner Form etwas hinterher, auch durch vieles Hin-und Herjetten zu meiner kranken Mutter in Bremen, die vor wenigen Wochen mit 92 Jahren friedlich starb.

Wieviel trainieren Sie?

Zwei bis dreimal die Woche, gerne alleine, mit drei Bällen, freitags aber regelmäßig mit den Herren. Ich bin jetzt Mitglied im neuen Golfclub „La Reserva", ein sehr schöner Platz mit wechselnden Schwierigkeitsgraden - für mich ein großer Platz mit Zukunft.

Bleibt da noch Zeit für andere Hobbies?

Ich verbinde auch gern künstlerisches und handwerkliches Geschick, rahme Bilder, stelle eigenen Weihnachtsschmuck her und Spielzeug für die Kinder unserer Familien.

Frauen im Modezirkus-
Spanische Designerinnen

Maria Malo, Designerin für Sport- und Freizeitmode

Längst ist durch das Madrider „Movimento", dem Künstlerboom nach dem Tod von Franco, eine neue kreative Generation heran gewachsen, nicht nur in Madrid. Da ist zum Beispiel Tarifa, das europäische Surfer-Paradies an der Costa de la Luz, die durch ihr Licht immer schon Künstler*innen inspiriert.

Mala Mujer und freche Sprüche

Dort hat die Firma „Mala mujer" der in Madrid geborenen Designerin **Maria Malo** ihren Sitz. Maria Malo, eine leidenschaftliche Surferin und Reiterin, störte es, dass es gerade für die Surfer nur eine Einheitsmode für Mädchen wie Jungen gab, dass aber *„wir Frauen auch beim Sport hübsch und sexy ausse-hen wollen"*, so Maria.

So begann sie mit Entwürfen für die Sportlerinnen, schneiderte bequeme T-Sirts, oft mit frechen Sprüchen darauf, die ihr sofort aus der Hand gerissen wurden. Maria Malo, da bot sich bei diesem Nachnamen das Mode-Label „Mala mujer" (= schlimme Frau) an. Kennzeichen der Marke ist ein rotes Herz mit daraus wachsenden Stierhörnern. Das Herz steht laut Maria Malo für Andalusien, die Hörner für die Stärke und innere Kraft kämpferischer Frauen.

Sie eroberte nach dem spanischen auch den europäischen Markt und wagte den Sprung nach New York. In Deutschland ist die Marke bekannt seit ihrer Teilnahme auf der Fashion Week in Berlin. Ihre Kollektionen stellt sie nur aus reiner Baumwolle, Leinen oder Seide her. Ihre Schwimmmode ist nachhaltig, wird aus recyceltem Nylon vom Plastikabfall hergestellt.

Anregungen holt sie sich aus ihrer Umgebung. Maria Malo, die mit einem Deutschen zusammen lebt: *"Andalusien ist ein faszinierendes Land zwischen zwei Welten, dem traditionellen und dem modernen Spanien, es liegt zwischen zwei Meeren, zwischen zwei Kontinenten, Europa und Afrika, die man von Tarifa aus immer im Blick hat."*

Haute Couture im Barock-Look

Mercedes Castillo, liebt selbst weiß

Die zierliche **Mercedes Castillo** Carrillo de Albornoz, geboren in Granada, lange auch wirkend für Flamencomode in Sevilla, geht nicht auf Messen aus Angst vor Kopisten und hat auch keine eigene Ladenkette. Sie gibt ihre Mode nur an ausgewählte Boutiquen in Madrid, Sevilla, in Marbella und dem Jetsetort Sotogrande gegenüber Gibraltar. Dennoch kommen die politischen und adeligen Größen Spaniens zu ihr, so dass sie es sich leisten kann, auch mal Kundinnen abzulehnen, die weniger elegant sein sondern nur auffallen wollen. Mercedes Castillo: *„Ich stimme da dem berühmten Zitat von Coco Chanel zu: ´Eine Frau muss vor allem elegant sein´."* Ihre typischen Kundinnen sind spanische Brautmütter betuchter Familien, die bei derartigen großen Hochzeiten stolz etwas Besonderes, Wertvolles tragen wollen. Die Couturistin war und ist mit ihrer Mode vertreten beispielsweise beim Clan der Albas.

Mercedes´ Inspiration und Leidenschaft ist der Barock. Nicht nur in ihrem Studio, überall in ihrer Villa, stößt man auf Engel, Engelsbilder, Engelskulpturen a la Botticelli. Sie schwärmt von ihren Reisen nach Bayern zu den Barockkirchen. In den eingenähten Etiketten ihrer Marke „micaroma" befindet sich unter dem Schriftzug ein stilisierter Engel mit ausgebreiteten Flügeln darunter. Eine ihrer Kollektionen trägt den Titel „Engelsträume."

Materialmischungen sind eines ihrer Kennzeichen. Jacken im Landhausstil beispielsweise werden aus Samt gefertigt, die Ellbogenschützer und die breite Taille aber mit Brokat betont. Natürlich beherrscht sie auch die gleichzeitige Verarbeitung von Leder und Spitze an Jacken und Mäntel. Der Materialmix wird besonders deutlich bei den Accesoires wie den Clutches, den breiten Gürteln und den Stoffhalsbändern. Da wimmelt es von Federn der Fasanen, Papageien, Pfauen, aber originellerweise auch von Vorhangbordüren und Quasten.

High Heels der Luxusklasse

Patricia Rosales und ein typischer „Patricia"

Am anderen Ende Andalusiens liegt Almeria. Dort wurde 1981 **Patricia Rosales** geboren. Sie studierte zunächst Modedesign, bevor sie ihre Leidenschaft für Schuhe entdeckte. Dieses Handwerk lernte sie bei traditionellen Schuhmachern in Elda bei Alicante, dem Mekka der Leder- und Schuhfirmen. 2009 eröffnete sie dort eine eigene Fabrikation für Pret-a-porter-Schuhmode, taufte ihre erste Kollektion "Die Schätze Ägyptens" und stellte sie in Paris vor, ihrem heute bevorzugten Schaffensraum. Im Jahr 2010 erhielt sie den ersten Preis für internationales Schuhdesign als vielversprechendste Newcomerin.

Rosales verarbeitet nur feinste Materialen wie Nappa- und Lackleder, Krokodilleder, Aalhaut, die Haut von Pythonschlangen und Satin. Sie bestückt ihre Modelle mit Straußenfedern, Swarofski-Steinen für die günstigeren Ausgaben, aber mehr mit Diamanten, schwarzen Diamanten, Saphiren, Lapislazuli und Perlen für die betuchtere Kundschaft wie arabische Prinzessinnen und die russische High Society. Madonna, Naomi Campbell und Heidi Klum zählen unter anderen zu ihren Kundinnen. Kein Luxusdesigner kommt bei den Haute-Couture-Schauen inzwischen ohne die „Patricios" aus.

Das Markenzeichen ihrer Schuhe ist eine Perle sichtbar innen am Absatz, gut zu erkennen beim Schaulaufen auf dem Laufsteg. Alle Schuhe sind Handarbeit und die meisten Unikate, die sie auf die Psychologie der Trägerin abstimmt, mit digitaler Hilfe aber auch genau auf die Anatomie des Fußes zuschneidet. Minimumpreis: 1.500 Euro, nach oben offen. Der teuerste Schuh kostete bisher 80.000 Euro bei ihr, hatte echt goldenes Netzwerk und war mit Diamanten, Saphiren und Smaragden bestückt. Patricia Rosales´ Philosophie: *"High Heels geben einer Frau ein gutes Gefühl der Sicherheit. Ich selbst trage immer ein gutes Paar Stöckelschuhe, wenn ich wichtige Entscheidungen treffen muss."*

Von der Sängerin zur Gucci-Ex

Jenny Gucci bei der Vorstellung ihres Bestsellers

Eine Biografie, die man Pretty Woman II taufen könnte – die tragische Fortsetzung nach dem vermeintlichen Happy End: Junge englische Musik-Studentin kommt nach Italien, heiratet einen der reichsten Männer und verlässt ihn nach 14 Jahren ohne einen Cent. Die Guccis bieten alles, was ein großes Familiendrama ausmacht: Tyrannische Väter, leidende Mütter, Neid, Eifersucht, Betrug, Steuerhinterziehung, Gefängnisaufenthalte, körperliche Gewalt bis zum Mord, Krankheiten, Kampf um die Firmenmacht, bis zum Schluss die Aktienmehrheit einer amerikanischen Investmentgesellschaft gehört.

„Die ersten 10 Jahre meiner Ehe mit dem Designer und Erben Paolo Gucci waren wie im siebten Himmel, die möchte ich in meinem Leben nicht missen." Jenny Gucci, geborene Puddefoot, ist jetzt weißhaarig und etwas fülliger geworden. *„Ich hörte immer wieder, schreibe doch über Deine wahnsinnigen Erlebnisse, doch erst als ich hierher in den Süden kam und meine Freundin Mary Harboe* (bekannte englische Journalistin, Anm. der Autorin) *traf, konnte ich es mit ihr zusammen in Angriff nehmen."* Ihre Biografie wurde vom Start weg zum Bestseller, alle englischsprachigen Hochglanzmagazine haben es längst rezensiert, mit Leserinnen rechnend, von denen wohl jede sich ein bisschen neidisch vorstellt, wie Jenny jahrelang von Kopf bis Fuß in Gucci gekleidet wurde. Eine der Gucci-Erbinnen giftete über Internet aus Florenz herüber: *„Jenny Gucci ist nur ein Fake!"*

Sie trägt schwarz, *das „Business-Kostüm in New York",* wie sie schnell erklärt mit perlendem Lachen, denn *„eigentlich bin ich mehr New Yorkerin".* Ihre Tochter Gemma, einziges Kind aus ihrer Ehe mit Paolo Gucci, lebt als Bankerin dort. Auch in ihrem Buch bekennt sie sich als Großstädterin, versucht immer wieder, sich als eigene Person, die als Sopranistin sich weiter ausbilden und auftreten will, nicht vom Florenzer Clan unterbuttern zu lassen.

Eine Familie, die altitalienisch wie alle Vorurteile bestätigend, die Frauen ins Haus verbannt, Töchter nur ausbezahlt, die dürfen nicht mitwirken im Florenzer Modezentrum – ganz anders als bei Fendi oder Versace. Die Männer sind despotisch und leisten sich ununterbrochen Mätressen nebenbei. Jenny wird anfangs vom charmanten, charismatischen Paolo, der 17 Jahre älter ist als sie, auf Händen getragen, aber nach zehn Jahren *„änderte sich mein Mann so unerwartet und unglaublich zum Schlechten, wahrscheinlich gesundheitlich bedingt, er wurde unberechenbar"* verrät sie. Es gab Affären wie bei allen Gucci-Männern, aber Jenny wollte sich damit nicht arrangieren wie ihre ebenfalls englische Schwiegermutter. Sie reichte die Scheidung ein. *„Am Schluss ließ er auch noch grausam seine teuren wunderschönen Araberpferde hungern"*, so ein weiteres schockierendes Detail.

Es begann für sie ein langes Martyrium und eine Odyssee durch Gerichte, denn sie wollte für ihre Tochter Unterhalt, nur dafür. Inzwischen starb Paolo, doch der juristische Streit ging weiter. Ihren Humor hat Jenny Gucci darüber nicht verloren, auch nicht die Energie, wieder von vorne zu beginnen als Gesangslehrerin und Designerin, wie ihre neue Visitenkarte sie ausweist. *„Mein Leben ist ruhiger geworden - but there's more to come"*, was man etwa übersetzt mit: *„Das kann noch nicht alles gewesen sein..."*

Neuer Modeberuf - personal shopper

Lola Montes, Schneiderin, Designerin, Modeberaterin

Immer schon arbeitete man in Hollywood mit Stylisten zusammen, jetzt also Personal Shoppers meist für Leute mit viel Geld, aber wenig Zeit. Ist nicht mehr neu, wenn man allein im Internet die Anbieter sieht.

Lola Montes ist in Barcelona geboren, lebt seit 12 Jahren an der Costa del Sol und ist seit fünf Jahren gut im Geschäft als Personal Shopperin. Ihr beruflicher Hintergrund ist eine gute Basis für ihre jetzige Tätigkeit als Modeberaterin für die Besucherinnen an der Costa del Sol. Ihre Beratung umfasst die gesamte Erscheinung, nicht nur die Garderobenfrage, sondern auch Make-up und Frisur, da hat sie auch entsprechende Anlaufstellen, je nachdem, ob nun die Haare noch geschnitten oder hochgesteckt werden sollen. Ihr Slogan auf ihrer Visitenkarte lautet: *"Deinen Stil zu entdecken ist der Schlüssel zu deinem Triumph"*.

Wie kommt man denn an die Kundinnen? *"Nur durch persönliche Kontakte und auch dadurch, dass ich meine Visitenkarte vor allem in den Spas und Wellnesszentren hinterlasse"*, so Lola. Sie hat nun jetzt ihren Kundenstamm, zu dem Spanierinnen, Engländerinnen, Italienerinnen und neuerdings Russinnen zählen. Die Personal Shopperin zieht nun nicht etwa mit den Kundinnen von einer Haute-Couture-Dependance und Edelboutique zur nächsten, dazu fehlt jenen die Zeit. Vielmehr liegen die inzwischen in den Wellness-Tempeln mit Masken auf dem Gesicht, um für einen großen Event am Abend, zu dem sie einflogen, wie aus dem Ei gepellt auszusehen. Lola war inzwischen längst tätig geworden und breitet dann im Hotelzimmer eine Auswahl an Abendkleidern aus.

Diese kleine persönliche Kollektion aber beruht auf genauer Kenntnis der Kundin und ihres Geschmacks. Dazu arbeitet sie eine umfassende Checkliste vorher aus, bei der die Damen auch selbstkritisch von körperlichen Unebenheiten erzählen sollen. Bei Ankunft betrachtet sie im Hotel die Garderobe im Schrank und die mitgebrachte Reisekleidung im Koffer. Ihr Vorteil: *"Einfach so eine Auswahl mitnehmen an teuren Stücken darf nicht jeder Personal Shopper"*. Sie hat sich das Vertrauen in den Geschäften dazu aufgebaut und das sei wichtig für ein Rückgabe- und Umtauschrecht. Sie kann auch schnell mit ihren Kenntnissen Änderungen vornehmen vom Kürzen- bis Engermachen.

Lola: *"Die Kundinnen kommen leider immer mit festen Vorstellungen des Modeschöpfernamens an. Also Italienerinnen wollen nur italienische Mode von Armani, Versace zum Beispiel. Ich würde ja gerne an ihnen oft etwas anderes ausprobieren, zum Beispiel in französische Haute Couture, sie also gerne glamouröser sehen, aber da sind meine Kunden in der Beziehung meist konservativ"*. Wenn in Marbella nichts zu finden ist, dann läßt sie entsprechende Kollektionsteile aus Madrid kommen. *"Madrid steht für mich für Eleganz, die Madriderin geht nur gut gekleidet, geschminkt und frisiert aus dem Haus, wie auch die Pariserin oder Römerin, ganz anders Barcelona: dort regiert der Hippiestil, ist auch intellektueller irgendwie, sophisticated."*

Lola Montes wird meist von den Kunden nach Stunden entlohnt, ein halber Tag kommt da mindestens zusammen, oft aber mehr.

Die Zeichenlehrerin und die Halskette

Kreativen Menschen schreibt man meist mehrere Talente zu. Dass ich schreiben kann, wurde und wird mir bestätigt, musikalisch ist meine Familie auch noch, ich lernte Flöte und Gitarre spielen, sang im Schulchor, aber Zeichnen und Malen kann ich partout nicht. Gut, ich habe ein Farben- und Stilverständnis, liebe moderne Kunst, aber im Zeichenunterricht litt ich besonders beim Darstellen von Personen und anderen Lebewesen. Meine Katze sah aus wie eine trächtige Kuh, mein Tiger war eine Lachnummer, wie er da um die Palme lugte, und Menschenkörper brachten mich ins Schwitzen. ich und etwas mit Händen schaffen, vielleicht sie auch noch schmutzig machen, igitt, (das Ergebnis von Linolschnittunterricht ist noch heute eine auf meinem linken Daumen zu erkennende Narbe nach Abrutschen dieses Messerchens).

Doch wir hatten auf dem Gymnasium, ich bis zur Oberstufe, wo ich dann das Fach Zeichnen und kreatives Werken erleichtert ab- und Farbpalette samt Pinsel beiseite legen konnte, eine außergewöhnliche Zeichenlehrerin, die ich bewunderte und von der ich viel lernte.

Im Gedächtnis tief verankert ist mir ihre Bezeichnung *„coleur de caque"* für die Farbe braun, die man erhielt, wenn man alle Farben zusammen mischte, ihre Theorie der Grund- und Komplementärfarben, die mir in Fleisch und Blut überging, und vor allem ihr Faible für schwarz und weiß. Obwohl ich lieber für kräftige Farben bin, gibt es sogar auf dem Dachboden meiner Mutter ganz manierliche Übungen von mir in diesem schönsten aller klassischen Kontraste, wie unsere Lehrkraft immer wieder betonte. Sie war damals schon Karl Lagerfeld und der Mode um Jahre voraus.

Zeichenlehrerin D. bevorzugte in ihrem Kleiderstil auch diese Kombination schwarz und weiß, denn ich muss erwähnen, so sehr sie Ästhetik und Körpertheorie (*„der Kopf darf nur ein Sechstel des Körpers ausmachen"*) vermitteln konnte, so sehr entsprach sie mit ihrem rundlichen Körper nicht unserem gegenwärtigen Schlankheitsideal. Man munkelte von einer Drüsenkrankheit.

Es war Usus, dass zum Schuljahresende diese Kunstabteilung eine Ausstellung im Treppenhaus veranstaltete. In dem Jahr, in dem ich längst dieses Fach abgelegt hatte, waren in den Vitrinen selbstgebastelte Halsketten zu bewundern. In einer Pause schlenderte ich von Vitrine zu Vitrine. Ich weiß auch noch sehr genau, was ich an dem Tag anhatte: einen brauen Glockenkleiderrock, den mir meine Mutti auf Figur geschneidert hatte, dazu einen lila Rollkragenpullover mit passenden langen lila Ohrringen, ja man rät richtig, es war Hippiezeit. Als ich so an den Exponaten vorbei schlenderte, gesellte sich besagte Zeichenlehrerin zu mir und fragte mich: *„Welche Kette gefällt Ihnen denn am besten?"* Ich schwankte zwischen zwei schönen Stücken: einer zarteren Kette mit blauen und weißen Perlen und einer ganz auffallenden Arbeit aus bernsteinfarbenen langen Tropfen in mehreren Reihen untereinander, eigentlich einer Kette, wie man sie erst seit einigen Jahren in unserer Jetztzeit sieht, länger dreieckig zulaufend auf dem Dekolleté.

Ich wollte zunächst auf das erste Exemplar tippen, um

nicht zu unbescheiden zu wirken, gab mir dann aber einen Ruck und deutete ehrlich auf das mir mit Abstand
doch besser gefallende, bombastischere Schmuckstück.
Eingedenk des Spruches: *„Bescheidenheit ist eine Zier,
doch weiter kommt man ohne ihr...".* Und ich wollte ehrlich sein, auch mir gegenüber. N. D. zu mir gewandt und
mich musternd: *„Das dachte ich mir, das passt auch
besser zu Ihnen! Wissen Sie was: Diese Kette habe ich
hergestellt und ich schenke Sie Ihnen nach dem Ende
der Ausstellung."* So kam es auch.

Meinen Schulkamerad*innen habe ich bis heute nichts
davon erzählt, aber diese Kette habe ich immer noch,
musste zwar schon zweimal die sie zusammen haltende
Nylonschnur erneuern, aber ich halte sie in Ehren und
lege sie zu passendem orangenen oder goldfarbenen
Outfit gerne immer wieder an. Den lila Pullover gibt es
auch noch in einer Ecke meines Schrankes, sehr sexy
eng geworden, die Ohrringe aber gingen den tragischen
Weg eines jeden Paares dieser Art wie Socken oder
Handschuhe: Irgendwann geht ein Exemplar davon verloren und man hat nur noch ein einzelnes sinnloses Stück.

Die Sprachlehrerin

Isabel Tomé Jiménez, Gründerin und Direktorin der Academia Andaluza in Conil, Provinz Cádiz

Isabel Tomé Jiménez wurde in Madrid geboren, kam mit sieben Jahren mit ihren Eltern der Gastarbeitergeneration für 14 Jahre nach Deutschland, nach Freiburg im Breisgau, studierte Germanistik und gründete vor genau 25 Jahren die Sprachenschule Academia Andaluza in Conil an der Costa de la Luz. Inzwischen beschäftigt sie 14 Mitarbeiterinnen und Mitarbeiter. Sie wurde kürzlich in einem Buch der 20 bemerkenswerten Unternehmerinnen der westlichen Küste vorgestellt, Frauen, die die Zukunft Andalusiens mitgestalten.

*Wie kam es zur Gründung der Academia Anda-
luza?*

Ich jobbte in den Semesterferien im Tourismus,
unter anderem im Hotel Flamenco in Conil, das sich
meiner Dolmetscherdienste versicherte. Dort lernte ich
auch meinen Mann kennen und blieb in Conil. Ich gab
auch Privatunterricht in Spanisch für die Urlauber, und
spätestens, als sich 20 Leute plötzlich zum Unterricht
in meinem Wohnzimmer sammelten, erkannte ich eine
Marktlücke auf diesem Gebiet und gründete die Schule.

*Muss man sehr resolut sein, um sich als Unterneh-
merin hier in der ländlichen Struktur, denn Conil ist
immer noch ein kleiner Ort, durchzusetzen?*

Klar, da gab es vor Jahren den Fall, dass ein Besucher den Chef unserer Academia sprechen wollte. Als
ich sagte, der stünde vor Ihnen, da bestand er dennoch
darauf, er möchte mit einem verantwortlichen Mann
reden!

*Haben Sie auch Diskriminierung erleben müssen
im Beruf?*

Klar, von früheren Chefs wie von Klienten. Als ich
schwanger wurde, denn ich bin seit 30 Jahren mit einem Feinmechaniker zusammen und habe eine Tochter, da hatte man mir sogar eine Abtreibung nahege-
legt.

Wie steht es Ihrer Meinung nach überhaupt mit der Emanzipation in Andalusien?

Ich hatte großes Glück, dass ich in Deutschland aufgewachsen bin und studieren durfte, das hat mir die Augen geöffnet gegenüber unseren ländlichen Strukturen in Andalusien, wo die Töchter immer noch zuerst auf kochen, putzen und Haushalt führen erzogen werden. Obwohl es sich langsam bessert, aber wo gibt es eine Autowerkstatt, in der ein Mädchen arbeitet? Aber ob Frau oder Mann als Unternehmer: Gut muss man sein unabhängig vom Geschlecht!

Und wie vereinbaren Sie Familienleben und Firma leiten - wie geht das?

Es kann kompatibel sein, aber es ist nicht leicht. Heute ist meine Tochter erwachsen, aber die ersten Jahre waren hart, besonders, als ich noch kein Auto hatte, um vom Kindergarten zur Akademie und zurück zu kommen. Heute sind die Institutionen für uns Frauen in Spanien kinderfreundlicher und dennoch geht es für jede arbeitende Frau darum, Familie und Beruf in Einklang zu bringen.

Was ist denn Ihrer Meinung nach der Unterschied zwischen dem Leben in Andalusien und dem in Deutschland?

Das ist unsere anders tickende biologische Uhr! Wir

stehen später auf und machen aber die Nacht zum Tage. Wenn jetzt zum Beispiel spanische Auszubildende nach Deutschland kommen, dann müssen sie sich sehr umgewöhnen! Das macht den meisten Schwierigkeiten, sage ich voraus. Aber das gilt auch für die umgekehrte Richtung. Das sehe ich in meinen Spanischkursen für Ausländer.

Was leider überall gleich ist, ist die Bürokratie. Die überwuchert in Deutschland wie in Spanien alles! Das merkte man ja nicht nur beim seinerzeitigen Ausbildungsprogramm spanischer Jugendlicher in Deutschland, sondern ich auch schon vorher bei meinem Unterrichtsprogramm, das auch offiziell in etwa 13 deutschen Bundesländern als Bildungsurlaub anerkannt ist. Aber man frage mich nicht, was das für eine Bürokratie war oder ist!

Die Kachelmalerin

Sigrid Goldbach in ihrem Atelier

Wie kamen sie zu der Kunst des Fliesenbemalens?

Malen war schon immer mein Hobby, ich hatte in der Schule immer Einsen auf dem Gebiet. Aber das Schlüsselerlebnis zur Kachelmalerei war unser erster Besuch in Sevilla mit all den farbigen Kachelbänken, den Kachelbildern, den bemalten Fliesen als Reliefs um die Häuser herum. Ich saß auf einer dieser Bänke auf der Plaza España und hatte fast Tränen in den Augen und wusste sofort: Das ist es, das ist Spanien, das willst Du machen!

Sie haben sich dann umfassend weiter gebildet, vieles mühsam selbst erarbeitet?

Ja, Sie sehen es an meiner Mustersammlung von Fliesen, an meinen Projektstudien. Es gab kaum Bücher darüber, wir mussten experimentieren mit den Farben, den Fliesenmaterialien, den Brennvorgängen. Wir haben inzwischen zwei Brennöfen im Untergeschoss stehen, die jeder um die 2.000 Euro kosten. Wir haben auch viel Lehrgeld bezahlt, denn aus den Öfen kommt vieles erst anderes heraus, als man es sich vorstellt! Und dabei kostet jeder Brennvorgang mindestens 10 Euro Strom.

Ich sehe rundherum fröhliche Farben, dicke Einzelgroßfliesen: Was ist ihr bevorzugter Stil?

Ich habe erst mit der Majolikatechnik angefangen, mit der Unterglasurmalerei, man sieht es hier in unserer eigenen Hausausstellung: rund um den Swimmingpool, in den Arkaden, das sind die Bilder mit den Pastellfarben. Heute male ich nach der Methode, die die Spanier „cuerda seca" nennen: Die Farbe wird auf die Fliese aufgebracht, dann gebrannt, aber bestimmte Zwischenräume frei gehalten durch Kordeln. Dann kommt die nächste Farbe, wieder gebrannt - das ganze drei Mal. Deshalb verlaufen die Farben nicht und kommen intensiver heraus.

Wie kommt Ihre Kunst bei den Kunden an?

Ach, es geht mir doch gar nicht ums Verkaufen. Wir suchten nach der Übergabe unserer Kölner Glück-wunschkartenfirma an unseren Sohn hier an der Costa del Sol als Rentner eine befriedigende Beschäftigung. Natürlich verkaufe ich auch gern das eine oder andere Bild, meine Bilder hängen in Arztpraxen oder ich habe auch Auftragsarbeiten angenommen, aber ich kann nicht leben, ohne künstlerisch tätig zu sein. Leider, und da blutet uns das Herz, vernachlässigen die Spanier immer mehr diese ihre eigene ursprüngliche Kunst.

Sie haben recht: Man sieht kaum mehr diese Flie-senreliefs rund ums Haus, die plastischen Fliesen-Be-rufsbilder an den Hauswänden sind auch verschwun-den – woran liegt das Ihrer Meinung nach?

Es ist natürlich teurer als nur Verputzen und An-streichen, allein vom Material und dem Aufwand her. Mit dem Bauboom und der Gier nach dem schnellen Geld hat keiner mehr die Muße und die Ader zur Pflege dieser Tradition. Stellen Sie sich vor, hier in in unse-rem Ort sehe ich plötzlich in den neu entstandenen Straßen Plastikschilder mit dem Straßennamen - aber aufgemalt wie Fliesen. Meine eigene Gemeinde macht so etwas! Mir tut das weh, ich würde es denen zum Selbstkostenpreis anbieten, wie eigentlich alle meine Werke.

Wie viele Kacheln haben Sie eigentlich bis heute bemalt?

Laut unseren Bestellungen mehr als 15.000 Stück.

Sie sind ein ein Team mit ihrem Mann Dieter, wie ist da die Arbeitsaufteilung? Der Mann für die Brenntechnik zuständig, um Vorurteile zu bedienen?

Lachend: Nein, er malt auch gern, er ist mehr für die nackten Frauenkörper zuständig! Unser nächstes Projekt sind deshalb drei schwimmende Frauen auf dem Fliesenboden unseres Pools in Lebensgröße!

Die Filmregisseurin - eigene Visionen

(Foto: kino.de)

Margarethe von Trotta, gewann einen Goldenen Löwen, auch den Ehrenpreis des Deutschen Filmpreises

Es gibt immer noch nicht viele Frauen als Filmregisseurinnen, aber eine der erfolgreichsten des deutschen Films ist Margarethe von Trotta.

Sie sind zunächst als Schauspielerin* bekannt geworden. Wie sind Sie zur Schauspielerei gekommen?

Das ist eine lange Geschichte. Mit 18 habe ich junge Leute in Paris kennengelernt, habe durch die erst erfahren, was Filmkultur sein kann. In Deutschland gab es als Film damals – 1960 – nur den Heimatfilm. Aber dort in Paris haben diese jungen Leute selbst gedreht, 8mmm-Filme, wo ich Regieassistenz gemacht habe. Als nächster Film war ein 35mm-Profi-Format-Film geplant, in dem ich auch die Hauptrolle spielen sollte. Ich bin dann zurück nach Deutschland und habe dort Unterricht genommen, wenn ich schon die Hauptrolle spielen sollte. Das hat mir Spaß gemacht. Der Film ist dann übrigens nicht zustande gekommen. Ich habe dann Germanistik, Romanistik Kunstgeschichte studiert und am Theater gespielt – aber immer mit dem Hintergedanken, einmal selbst Filme zu machen. Für mich ist Film d a s Medium!

Warum ist es das Medium für Sie?

Das kommt daher: Mein Vater war Maler. Ich wäre es im Grunde auch gerne gewesen, aber ich bin zu unbegabt. Aber Film ist das Medium, das der Malerei am nächsten kommt.

Und wie kamen Sie nun von der Schauspielerei* zum Filmemachen?

Noch als Schauspielerin habe ich mal ein Drehbuch zusammen mit Volker *(Volker Schlöndorff, ihr Ex-Mann, Anmerkung der Autorin)* geschrieben, dann ha-

---

* *sie gehört zur Generation der Hanna Schygulla u.a. , der Fassbinder-Clique, lebt heute in Paris*

70

ben wir zusammen bei „Die verlorene Ehre der Katharina Blum" das Drehbuch gemacht und Regie geführt, und dann habe ich meinen ersten eigenen Film gemacht. Ich wollte immer selbst etwas machen. Jetzt setze ich eigene Stoffe um.

Wie war das bei Ihrem ersten Film, bei „Das zweite Erwachen der Christa Klages", dieser Geschichte einer Kindergärtnerin, die eine Bank überfällt, um ihren Kinderladen zu finanzieren? Wie war die Reaktion?

Wider Erwarten wurde es ein erfolgreicher Film, er ist auch von der Kritik gut aufgenommen worden. Aber immer war es in der Folge nicht leicht, das Geld ist mir nicht in den Schoß gefallen. Wer bei uns keine kommerziellen Filme macht, der hat es schwer, obwohl ich da schon privilegiert war gegenüber anderen.

Ist es befriedigender, einen eigenen Film zu machen als zu schauspielern?

Als Schauspieler kennen Sie das Davor nicht, man ist vom eigentlichen Arbeitsprozess ausgeschlossen, von den Ideen, die zum Drehbuch führen. Beim Drehbuchschreiben, da habe ich bestimmte Visionen, die ich dann während des Drehens umsetzen kann, richtig inszenieren, wenn ich Regie führe.

Haben Sie die Mitarbeiter gleich akzeptiert, die

Schauspielerin, die jetzt als Regisseurin auftritt?

Ich hatte da keinerlei Schwierigkeiten, ich arbeite auch nicht autoritär. Im Gegenteil, ich verlange geradezu von Schauspielern, dass sie mitgestalten.

Und als Frau - schließlich ist es immer noch ungewöhnlich, dass sich eine Regisseurin durchsetzt?

Nein, nein, ich kann da leider nicht mit dienen zur Bestätigung von Vorurteilen.

Ihre Hauptgestalten sind in Ihren Filmen immer Frauen – warum?

Weil mir zu Frauen mehr einfällt, da kenne ich mich besser aus, und meine Filme passen immer emotional.

Was machen Sie am liebsten beim Film: Drehbuch schreiben, drehen und Regie führen, schneiden?

Ich schneide gern, aber eigentlich mag ich alle Phasen, den ich habe einen Beruf, den ich gern mache, wo Arbeit und Lust zusammenfallen, und das ist das Allerschönste.

Anm.: *Dieses Interview gehörte zu meinen ersten Anfang der 80er Jahre in München. Ich führte es auf Ihre Einladung hin in ihrer schönen Altbauwohnung in Schwabing, bei der ich auch ihren damaligen Mann Volker Schlöndorff kennen lernte.*

Die Malerin
- engagiert gegen häusliche Gewalt

Fé Rodriguez feierte Triumphe in Paris, London, Tokio

Es gibt ja viele Autodidakten in der Malerei, aber Ihr Lebenslauf ist schon erstaunlich - was waren die Stationen bis zu ihrem ersten Bilderverkauf?

Ich kam eigentlich durch die Musik indirekt zur Malerei, ich spielte Oboe und Klavier mit viel Freude –

- es ist ja nicht ungewöhnlich, dass Künstler mehrere Begabungen haben,

- ja, aber ich wusste damals noch nichts von meiner Zeichenbegabung. Ich wollte unbedingt vom damals dörflichen Estepona, meiner Geburtsstadt, weg und ging erst mal nach Madrid. Dort lernte ich zunächst Friseuse. Paris war aber immer mein Traum und so kam ich als Friseuse zum Prominentencoiffeur Alxandre. Dort hat mich dann - auf dem Montmartre - die Malerei „eingefangen". Ich wusste aber immer noch nichts von meiner Begabung. Ich war eigentlich deprimiert allein in Paris, die neue Sprache, die Arbeit im Salon schlauchte sehr, und so begann ich in meinem Zimmerchen, in dem ein brauner Stift herumlag, auf einem blanken Papier Punkte zu verteilen.

Waren also die Impressionisten ihre Vorbilder ?

Kann man so eigentlich nicht sagen: Ich studierte erst mal in Paris alle großen Meister in den Museen und Galerien, probierte dann Aquarelle aus und wagte mich vier Monate später bereits an Ölbilder. Und jetzt kommt wirklich der unglaubliche Wendepunkt in meinem Leben: Ein Freund sah meine ersten Bilder, war begeistert und brachte sie zu einer der renommierten teuren Galerien auf den Champs Elysee. Und Sie werden es nicht glauben, die stellten es ins Schaufenster, das sah an der Ampel haltend ein Kunstsammler, parkte sein Auto und kaufte vom Fleck weg alle 10 Bilder!

Als spanische Friseuse in der Pariser Kunstszene gleich reussierend - unglaublich. Wie ging es weiter ?

Ich kam erst über Paris und Japan, wo meine Bilder

bereits fünfstellige Summen erzielten, zurück nach Madrid (*im Prado steht eine Skulptur von ihr, Anmerkung der Autorin*), und stellte erst 1991 wieder in der alten Heimat, in San Roque, aus. Dann folgten Ausstellungen in Miami, in San Francisco, bei der UNESCO, in London, in Holland, Belgien, Portugal und eigentlich erst wieder um die Weltausstellung herum in Spanien.

Heute malen Sie vorwiegend in Acryl in einem eigenwilligen Stil, viele wie von einem anderen Stern kommende Frauenfiguren mit den auffallend dreieckigen Gesichtern auf langen Hälsen, von Fantasieblumen, -pilzen oder immer wiederkehrenden Aloe-Blättern umgeben, aber in kalten Farben mit oft düsterem Hintergrund. Und wenn Paare abgebildet sind, so sehen sie immer aneinander vorbei. Ist das nun ihr typischer Stil ?

Es ist der Stil von heute, den ich male und der aus meinem Innersten kommt, denn mein Privatleben entwickelte sich ganz und gar nicht so positiv wie meine Kunst-Biographie. Ich habe eine schreckliche Ehe mit Gewaltexzessen mit einem autoritären Mann hinter mir – ich möchte gar nicht mehr darüber reden -, war viel zu gutmütig und habe nach meiner Scheidung auch vieles an Luxus-Standard verloren. Es kam sogar so schlimm, dass ich Jahre lang gar nicht mehr malen konnte, wie paralysiert war.

Sie sind zurück gekehrt in ihre alte Heimat, hatten seit 2006 mehrere gut besuchte Einzelaustellungen von Malaga über Marbella bis Cadiz, den Erläs spendieren Sie oft den Initiativen gegen Gewalt gegen Frauen - wie regieren die Leute hier auf die eigenwilligen Bilder?

Sie kommen gut an, besonders Innendekorateure greifen gern nach ihnen, wenn sie moderne Appartements einrichten. Doch heute verlange ich nur noch vierstellige Summen für meine Bilder, um ehrlich zu sein: Ich brauche Geld, um die Anwälte zu bezahlen.

Die dichtende Postfrau

Carmen Sánchez Melgar veröffentlichte zahlreiche Lyrikbände, ist Mitglied in Schriftstellervereinigungen

Hier muss ich von meiner dichtenden Postfrau erzählen. Das vermutete ich gar nicht in unserem kleinen Ort in Andalusien! Da gab ich am Schalter meine Post auf und da drückte mir die eine der zwei Damen ein Blatt in die Hand mit den Worten: *„Ich möchte Sie zu meiner Vorstellung meines neuesten Buches einladen. Ich glaube, Sie schreiben doch auch Bücher."* Letzteres entnahm sie meinen diversen Versandaktionen.

An dem Präsentationsabend schüttete es leider wie aus Kannen und ich wollte den warmen Platz vorm Kamin nicht verlassen. Am nächsten Tag in der Post entschuldigte ich mein Fernbleiben, fragte aber nach ihren

Buch und erwarb *„El Ritual de Ceniza"* (Das Ascheritual), ihr bereits fünftes Buch, nach ebenso vielen Beiträgen in Anthologien. Bereits 2008 erhielt sie ihren ersten Literaturpreis.

Ein hübscher Gedichtband, dieses „Ritual de Ceniza" (siehe unten) mit - wie ich zuhause feststellen konnte – wirklich guter Lyrik, die auf Spanisch so majestätisch klingt. Qualitativ besser als vieles, was mir in letzter Zeit in die Hände geraten war. Wir kamen am Schalter ins Fachsimpeln, ich erzählte ein bisschen von meinen Anekdotensammlungen, und sie bedauerte, dass ich nur auf Deutsch schriebe.

Die Schlange der wartenden Postbesucher hinter mir wurde inzwischen immer länger. Dann stellte sich heraus, dass dies keine Eintagsfliege ihrerseits ist, dass sie wie ihr Lebensgefährte Emilio Rios, der kürzlich in Madrid mit einem Preis geehrt wurde, verschiedenen Autorenvereinigungen, auch der Gewerkschaft der Künstler angehört. Sie hatte bereits 2006 einen außergewöhnlich ästhetisch gestalteten Gedichtband „27 dias" veröffentlicht. Den schenkte sie mir in ihrer Begeisterung über meine Anteilnahme direkt noch dazu! Mit ausführlicher Widmung natürlich.

Inzwischen hatte sich die Schlange hinter mir klammheimlich auf den zweiten Schalter verteilt und jetzt kommt das Beste: ohne ein Murren, ohne dass sich auch nur ein Wartender aufgeregt hätte, ob die Damen das vielleicht außerhalb der Öffnungszeiten besprechen könnten. Ich weiß nicht, ob ich mich auf der anderen Seite so brav verhalten hätte. Sind sie nicht herrlich die Andalusier, die vollstes Verständnis haben für eine solche Kommunikation?

Jetzt muss hier unbedingt eine Kostprobe von Carmen Sánchez Melgar stehen:

YO	Ich
Todo lo que soy	*Alles was ich bin*
cabe en una silla,	*hat auf einem Stuhl Platz,*
en una cama	
con los brazos.	*auf einem Bett mit ausgebreiteten Armen.*
El resto,	*Der Rest*
para nada me sirve.	*ist zu nichts nütze.*
Nunca será mío.	*Niemals wird es mein sein.*

Carmen Sánchez Melgar . El Ritual de la Ceniza . 88 Seiten . 12 Euro . Edition Poema Rios

p.s.: *Eines ihrer jüngsten Werke "El Habitáculo de mis dias" widmete sie ihren Poststammkunden; ich bin stolz, dass ich auch mit zwei Gedichten darin vorkomme, eines mit dem Titel: "Vendedora de palabras".*

Die Briefe der alten Dame

Ich habe sie nie persönlich kennen gelernt.

Unser Briefwechsel dauerte ein Jahr, zehn Monate und
26Tage. Er fiel in eine Um-Bruchzeit meines Lebens, vor
dem Abitur, vor und nach dem Tod meines Vaters und ins
erste Jahr meines Studiums.

Ihre Briefe waren schwer zu entziffern, ihre Handschrift
bestand noch aus altdeutschen Buchstaben, besonders bei
den Wortanfängen, mit vielen Verwischungen. Eine einzigartige Graphologie, nicht unsympathisch. Ihre Anrede an jedem Briefanfang lautete „Liebes Fräulein Gabriele". Unter
den Datumsangaben fanden sich: „Dienstag Abend", „Frei-
tag Abend" oder „vor Ostern". Sie unterstrich sehr viel,
rahmte ein, hatte keine Scheu vor dem Einsatz von Frage-
und Ausrufezeichen.Oft beides zugleich, wie ich auch.

Inge H.-B. aus Berlin war eine von zwei "Fans", die mir
nach der Ausstrahlung meines Fernsehspiels „Das Gesell-
schaftsspiel" über den produzierenden Sender schrieb. Das
Drehbuch hatte ich mit 16, 17 Jahren verfasst, die Ausstrahlung in der ARD im Rahmen eines Wettbewerbs erfolgte
zwei Jahre später in meinem Abiturjahr.

Es war ein tragisches Stück über Selbstmord von Jugend-
lichen. Mein Vater, der damals nach einer Krebsoperation
im Krankenhaus lag, erboste mich mit der Bemerkung: „Da
kann ich ja kein einziges Mal lachen". Ich besuchte ihn zwei
Tage nicht mehr im Krankenhaus.

Der zweite, der mich nach der Fernsehsendung an-
schrieb, ein Junge in meinem Alter, entwickelte sich zu einem Stalker. Dies löste ich dadurch, dass ich nach meinem
Abitur die Adresse meiner Studentenbude nicht mehr bekannt gab und auch meine Mutter, bei der er überraschend
auftauchte, dicht hielt.

Liebes Fräulein Gabriele,

*...daß mein Briefchen Ih-
nen Freude bereitet, freut
wiederum mich.Vielleicht erst
recht, weil weil ich unlängst
mit einem jüngeren Menschen
eine nicht zu erwartende Enttäuschung erlebte. Wir Alten
dürfen uns ja nicht mehr das
gescheite Wort sagen: "Wo
eine Enttäuschung entsteht,
hat vorher eine Täuschung
bestanden".... - und gar in
diesem Fall müßte ich, wegen
der Position, die jenes Men-
schenkind einnimmt, mehr Erziehung und Herzensbildung
voraussetzen....*

*Welcher musische Mensch
wäre nicht labil (?)....inner-
lich?! Wie weit er's zeigt und
bleibt...*

*...ob für Sie die Gefahr be-
steht, daß das Leben Ihnen zu
sehr Literatur wird, das kann
ich nicht durchschauen, - so
wenig Sie selbst es heute
schon können. Achten Sie auf
sich in dieser Hinsicht. Meistens bewahrt eigener Schmerz
uns vor Unterkühlung. Und
eigenem Schmerz sehen Sie
schon ins Auge...*

Mit Frau Inge H. war das etwas anderes. Sie muss, nicht nur der Schrift wegen, die Großmuttergeneration gewesen sein, das schloss ich auch aus einer Bemerkung, dass ihre Mutter bereits um die Jahrhundertwende lebte.

Da war eine selbe Wellenlänge im Gedankenaustausch, auch wenn ich viele ihrer Meinungen sehr konservativ fand. Sie wiederum muss sich in mir wieder erkannt haben in ihrer Jugend. Ich sandte ihr als erstes zwei weitere Theaterstücke und den Beginn eines Romans , um ihre Meinung zu wissen.

Mein Vater starb zu Hause, in das wir ihn in seinen letzten Lebenswochen holten, in den Tagen, als ich die Abiturarbeiten gerade abgeschlossen, aber das Zeugnis noch nicht erhalten hatte. Fünf Jahre lang konnten wir, meine Mutter, mein Bruder und ich, nicht über seinen Tod und diese Zeit reden.

Nur schreiben konnte ich darüber in den Briefen an Frau Inge H. Konnte ihr meine Albträume bekennen.

Mit meiner Brieffreundin konnte ich mich auch beraten, was ich studieren wollte. Sie war sehr einverstanden mit meiner Wahl der zwei Fächer Germanistik , Philosophie. und Psychologie.

Eines Tages kam ein Bücherpaket von ihr mit alten Büchern von Philosophen an. Darunter eine in Leder gebundene Zweitausgabe von Nietzsches „Zarathustra", seinen Aphorismen, Werke von Giordano Bruno, Schopenhauer, Kierkegaard. Einige in Leder gebunden, andere zerlesen, zerfleddert, in altdeutschem Druck, versehen mit ihren Bemerkungen am Rand in Sütterlinschrift. Kostbare Meinungsäußerungen.

3000 große Aktenseiten meiner groß gedachten angelegten Arbeit - die Lebens- und Entwicklungsgeschichte eines Mädchens aus dem Volk - verlagerte ich, dort kamen sie im Feuer um. Nun war das in jener Zeit der Massentragödien eine Bagatelle. Nun, ich habe es wieder begonnen, älter und reifer. Ob ich's vollende, das ahne ich nicht, noch weniger, ob es meine Schublade je verläßt.

Sie hatten zur Zeit kein Bedürfnis, oder keinen „Elan", mir zu antworten, was mehr als nur verständlich ist. Ihre Notlage gerade in der Zeit des Abiturs...

Als Beckett, der tragische Nihilist, den Nobelpreis erhielt, war er vernünftig genug, ihn nicht abzulehnen (wie vor ihm Sartre), sondern nur die mit ihm verbundene Show. So würde ich es auch machen, - denn, wer hat etwas von der Ablehnung des Geldpreises?! Gerade mit ihm könnte der Pessimist wenigstens etwas helfen! Ich würde z.B. jemand studieren lassen, natürlich, was er möchte, - aber wenn's nach mir gehen würde, natürlich meine Lieblingsgebiete: Psychologie (incl. Parapsychologie), Philosophie incl. Religionsphilosophie.

Ich mag es, wenn man Bücher von Freunden ausleiht und liest deren Bemerkungen am äußeren Druckrand oder sieht, welche Zeilen sie unterstrichen. Die Freunde geben damit sehr viel preis, man erfährt, was ihnen wichtig ist.

An einem siebten Dezember lag in der Post einer dieser Un-Briefe, die mit ihrem schwarzem Trauerrand bereits auf den ersten Blick ihre Unheilsbotschaft verkünden. Es war die Anzeige über den Tod der alten Dame, abgesandt von Ihrem Neffen. Ohne Begleitzeilen. Wie und woran sie starb, war dem nicht zu entnehmen.

Ich habe alle ihre Briefe aufgehoben und über elf Umzüge durch ganz Europa immer bei mir, auf der linken Seite meines Schreibtisches, in der zweiten Schublade von oben.

Vielleicht wollen Sie das gar nicht hören?! Sie sollen heute nur wissen, daß da ein Mensch ist, der viel kämpfte, der sich in jede Lage versetzen kann...

Ich muß versuchen, zu einem ehrenvollen Ende zu gelangen. Die Grundlagen dafür erwarb ich mir...
Liebes – junges – Fräulein Gabriele, seien Sie herzlich gegrüßt von einer alten Frau.

82

Die Stadträtin und die Korruption

Asunción Lopez, Ex-Kulturstadträtin von Estepona

Zwei Wochen vor den großen Costa-del-sol-Skandalen fand dieses Gespräch statt mit Asunción López Martín, Vizebürgermeisterin, Sprecherin der PSOE des Gemeinderates. Eigentlich sollte López mit ihrem Profil stellvertretend als Frau in der spanischen Politik stehen. Und dann kam die Verhaftung des gesamten Gemeinderates einschließlich dieser Concejala de Cultura (die auf Kaution frei gelassen wurde). Nach der ersten Reaktion, dass alles nun für den Papierkorb sei, ergab erneutes Abhören dieses Interviews im Original nun doch, das Gespräch hier zu veröffentlichen. So kann sich der/die Leser/in selbst ein Bild machen.

Warum sind Sie in die Politik gegangen ?

Ich bin Mitglied der sozialistischen Partei seit 2000; 2003 fragte mich Antonio Barrientos *(Ex-Bürgermeister, ebenfalls der Korruption angeklagt, Anmerkung der Autorin)*, ob ich nicht seinem Gemeinderat angehören möchte. Ich dachte bei mir damals, das könnte interessant werden, als Bürgerin Esteponas mitzuwirken; inzwischen sind es schon fünf Jahre geworden und mich befriedigt meine Arbeit sehr, die großen Projekte, die wir realisiert haben, in Estepona, einer großen Küstenstadt, die es ja ist.

Spanien ist eine vergleichsweise junge Demokratie und man hat den Eindruck, dass die Frauen Ihres Alters und jünger in der Emanzipation eigentlich weiter fortgeschritten sind als wir in Deutschland oder in älteren Demokratien, dass es nach Franco eine Riesensprung gab, was meinen Sie dazu ?

Das ist richtig, es ist sicher, dass es viele Umwälzungen gab, was Geschichte, Technologie, angeht, zum Teil radikale soziale Veränderungen, und ich meine, es ist ein Glück, in dieser Epoche Spaniens zu leben, wenn ich meine Jugend mit der meiner Mutter vergleiche, die jetzt 86 Jahre alt ist. Ich erinnere mich – nur ein Beispiel - an meine Schulzeit, da waren in den Biologiebüchern die Körpermodelle von Mann und Frau an gewissen Stellen von der Zensur geschwärzt. Von daher

hat Spanien wirklich einen qualitativen Sprung gemacht - auch dank der Politik der sozialistischen Partei
mit Felipe Gonzales damals an der Spitze und dem Eintritt Spaniens in die EU. Und Spanien verwandelt und
entwickelt sich noch weiter – Negatives wie Positives
eingeschlossen. Unser Gleichstellungsgesetz ist quasi
radikal! Zum ersten Mal sind Frauen und Männer
gleich, haben gleiche Rechte. Wir in der Politik tun
auch alles dafür, dass Frauen ihr familiäres und ihr
Arbeitsleben miteinander vereinbaren können, da
haben es Frauen immer noch schwerer, deshalb öffnen
wir Kinderzentren um 7 Uhr, deshalb gibt es Mittages-
sen im Colegio für die Kinder.

*Aber gilt das auch für Andalusien, ist die Moderne
da auch schon überall angekommen, wenn ich miter-
lebe, wie immer noch Mütter ihre Töchter nach den
Schulpflichtjahren nur zum Putzen schicken, weil sie
ja bald heiraten sollen?*

Der Süden hatte immer schon weniger Möglichkeiten,
war in der franquistischen Epoche Repressalien ausgesetzt, war deshalb ein Land der Auswanderer nach
Deutschland, Frankreich, Belgien, nach Katalonien.
Aber trotz dieser Zurückgebliebenheit schreitet auch
Andalusien voran, wenn man die Zahlen für Analpha-
betismus vergleicht: Mitte der 80er Jahre konnten
noch sieben bis neun Prozent der Andalusier nicht

schreiben und lesen, heute ist das Analphabetentum quasi verschwunden, nur noch bei sehr alten Menschen zu beobachten. Heute gibt es ein Netz der Möglichkeit der nachträglichen Bildung für ältere Personen. Und wie unser ganzes Bildungssystem ist es gratis, einschließlich des Eintritts in die Universitäten.

Die Jugend ist heute auch in Andalusien gut vorbereitet, heute beginnen wir in der Schule mit zwei Sprachen, aber es wird immer Personen geben, die die Wichtigkeit des Lernens von Fremdsprachen nicht einsehen. Was heute signifikant für Andalusien ist: Wir sind ein Land der Immigranten geworden, haben sehr viele Einwanderer, die kommen, um in der Landwirtschaft zu arbeiten, die weniger qualifizierte Arbeit übernehmen, die unsere Gesellschaft braucht. Ernsthaft: Andalusien hat sich verbessert durch unser System der kostenlosen Bildung, des kostenlosen Gesundheitssystems.

Der neue Reichtum Andalusiens kam durch die Bauwirtschaft. Jetzt haben wir eine „Costa de Hormigon" (Beton).

Alle Konstruktionen, die wir in Estepona durchgeführt haben, alle Urbanisationen, alle Bauten geschehen rechtmäßig. Man wird nichts zulassen, was als Präzedenzfall der Abweichung von diesem legalen Weg dienen könnte.

Es ist wahr, es wurde viel gebaut, aber wir müssen eines bedenken: Hier in der Küstenzone leben viele Menschen von der Bauwirtschaft, und es gab eine gewisse Immigration, deshalb gab es eine große Nachfrage nach Appartements, Wohnungen durch den Tourismus, durch die Menschen, die hier arbeiten, durch jene, die ihren zweiten Wohnsitz hier nehmen, das war ein Potential und das rief nach Lösung. Meiner Meinung nach wurde und wird weiter gebaut, aber durch eine Städteplanung, die nicht zuläßt, dass unser Stadtbild zerstört wird, dass es Wildwuchs gibt, sondern dass die Bautätigkeit in vernünftiger Relation zum Wachstum der Bevölkerung steht. Unsere Stadtregierung denkt auch an die künftigen Generationen und will deshalb, dass zwar gebaut und entwickelt wird, aber innerhalb der gültigen Regeln.

Ich wünsche mir, das wir immer auf die Bevölkerung schauen, auf die innere Entwicklung schauen, die Umwelt beachten, denn wir alle haben eine Verpflichtung gegenüber der Zukunft.

Die Diplomatengattin -
in vielen Welten zuhause

Nicole Richtsteig vor dem des Generalkonsulats Sevilla

Nicole Richtsteig ist geborene Österreicherin. In Düsseldorf aufgewachsen und zur Schule gegangen, studierte sie in Bonn Jura bis einschließlich des ersten Staatsexamens. In der damaligen Bundeshauptstadt lernte sie ihren Mann kennen, Dr. Michael Richtsteig, der bereits als Beamter des Auswärtigen Amtes vor seinem ersten Auslandsaufenthalt in Ghana stand.

Sie standen wie so viele Diplomaten-Frauen vor der Frage: Eigene Karriere weiter verfolgen oder mit dem Partner gehen?

Es war eine schwierige Entscheidung, ich war noch

so jung und stand eigentlich wie ein „hochgezüchtetes Rennpferd" nach dem Ende des Studiums in den Startlöchern für eine eigene Berufslaufbahn. Aber ich war verliebt und wir waren uns einig, auf keinen Fall eine Distanzehe zu führen. Nach dem kargen Studentenleben war die diplomatische Welt allerdings schon auch eine verführerische Alternative.

So ging es als erste Station gleich nach Afrika?
Ich wurde mit Mitte 20 in eine ganz andere Welt geworfen! Ich werde nie unsere Ankunft in Ghana in Dunkelheit vergessen, als mich ein einheimischer Bediensteter unterwürfig mit „Madam" ansprach, so dass ich zusammenzuckte! Die ersten Wochen hatte ich einige Umstellungsschwierigkeiten, wir kamen ausgerechnet in einem gefährlichen Zeitraum, in einer politischen Umbruchphase Anfang der 8oer Jahre, nach Ghana: Da gab es abends durch den Militärputsch Ausgangssperren und doch heimliche wilde Feste – es war nahezu lebensgefährlich. Insgesamt habe ich die zwei Jahre Ghana als wunderschöne Jahre für mich persönlich und unsere junge Ehe in Erinnerung und ich wuchs langsam in meine Rolle hinein.

Und wohin ging es dann als nächstes?
In die USA, nach Detroit. Diese Zeit in den USA habe ich sehr genossen, alles war mir mehr vertraut, die

Amerikaner sehr locker und freundschaftlich im Umgang. Wenn mein Mann vor Studenten über das damals noch geteilte Deutschland sprach, dann waren die Säle voll mit besonders jungen, wissbegierigen Amerikanern. In diese Zeit fiel die Geburt unseres ersten Sohnes, der deshalb zwei Staatsbürgerschaften hat. Die ganze Straße mit allen Nachbarn feierte die Geburt unseres Sohnes - es war eben etwas Besonderes, dass die Ehefrau des deutschen Konsuls ein Baby bekam! Anschließend wurde mein Mann zur deutschen NATO-Vertretung nach Brüssel berufen, für mich wunderbar, denn ich war so wieder näher bei meiner Familie in Düsseldorf, wo ich auch unsere ältere Tochter zur Welt bringen konnte. In diese Zeit fiel die Wende, und es war schon bewegend, als uns in Brüssel alle Kollegen zum Mauerfall beglückwünschten.

Sie waren durch den Beruf Ihres Mannes auch noch in Wien, in Warschau, in Montevideo und zuletzt in Andalusien. Ist es nicht frustrierend so circa alle vier Jahre wieder Koffer packen zu müssen, gerade, wenn man vielleicht Freunde gefunden hat?

Ich habe mich in allen Welten zuhause gefühlt. Und heute kann man die Freundschaften weltweit per E-mail pflegen. Schwieriger fand ich manchmal die Beherrschung der Sprachen, besonders des Polnischen, man lernt halt mit den Jahren nicht mehr so leicht!

Wie bekam den Kindern dieses „Zigeunerleben"?

Für sie war es manchmal schwieriger als für mich, hatte ich das Gefühl, aber überall gibt es die Deutschen Schulen, und Kinder lernen Sprachen ja viel leichter. Ich habe aber auf eines immer geachtet: Dass ich immer zuhause war, wenn die Kinder zu verschiedenen Zeiten aus der Schule kamen. Und ich habe eines ebenfalls systematisch durchgezogen: Ich habe die Zimmer immer mit den gleichen Farben gestrichen und gleich eingerichtet, man findet bei mir die Kinderzimmerkommoden an den gleichen Stellen an der Wand, das Geschirr immer an derselben Stelle im Esszimmerschrank, so dass sich immer schnell ein vertrautes Heimatgefühl einstellen konnte. Das ist mein Geheimnis.

p.s. Neue Konzepte im Auswärtigen Amt
werden nun auch diskutiert. In der BRD sind 60 Prozent der verheirateten Frauen berufstätig, bei den Partnerinnen der diplomatischen Angestellten sind es nur acht Prozent! Eine eigene Karriere ist bei den vielen Standortwechseln kaum möglich. Sie geht bei verbeamteten Lehrerinnen, die sich lang freistellen lassen oder an den deutschen Schulen im Ausland tätig werden, sie geht auch manchmal bei Ärztinnen, die überall gebraucht werden – allen anderen bleiben ehrenamtliche Tätigkeiten, was viele als Benachteiligung empfinden. Bisher wurde nicht gern gesehen, dass das Ehepaar gemeinsam in der ausländischen Vertretung arbeitet. Warum eigentlich nicht? Das fragen sich immer mehr Frauen mit Knowhow, die sich nicht damit zufrieden geben wollen, dass «sie ja gewusst hätten, worauf sie sich da einließen».

Die Rückkehrerin

Die Konfrontation mit dem neuen deutschen Alltag gilt es zu meistern - nach all den Jahren des Auslandslebens! Der erste Eindruck in Deutschland ist, dass das Land nach wie vor überbürokratisiert ist. Dies fängt bei der Wohnsitzanmeldung an und hört bei der Steuererklärung auf. Von der Telefonanschlussanmeldung ganz zu schweigen, die dauerte wahrlich einige Wochen, und wenn man das einmalige Klingeln an der Haustür des Telekomtechnikers überhört, rutscht man wie beim Monopoly zurück auf die Warteliste. Dagegen ist man sehr fix und flexibel bei Parksündern: Es ist beeindruckend, wie schnell ein „Knöllchen" ins Haus flattert.

Ein genereller Eindruck bei der Rückkehr nach Deutschland ist, dass die Mehrheit der Bevölkerung irgendwie gedrückter als in Spanien erscheint, unserem letzten schönen Auslandsaufenthalt, ein heiteres spontanes Lachen und geschäftiges Reden auf der Straße, in Geschäften, sogar in Cafés oder Gaststätten, sind durchweg die Ausnahme. Auch die Kleidung scheint besonders im den Herbst und Winter weniger farbenfoh und individuell - es wirkt alles einheitlicher und gedeckter. Jedenfalls hat man den Eindruck, dass die Krise die Menschen stärker niederdrückt als im Süden.

In Andalusien, das im Vergleich zu Deutschland wesentlich mehr von der Krise getroffen ist, hilft das angenehme Klima den Menschen, sich die Auswirkungen weniger zu Herzen zu nehmen. Mit einer copa in der calle (und sei es auch nur eine) und im regen Gesprächsaustausch mit Freunden, läßt es sich mit Notsituationen besser leben als im Norden Europas.

Natürlich ist es aber auch schön, nach der Rückkehr wieder mehr Familie und alte Freunde um sich zu haben, mit ihnen im herbstlich verfärbten Wald ausgiebige Spaziergänge zu unternehmen, um dann irgendwo einzukehren und vieles zu genießen, das man manches Jahr vermisst hat. Wobei bei uns Deutschen das täglich Brot in seiner hier einmaligen Vielfalt wohl immer noch an erster Stelle steht! Aber auch sonst sorgen Martinsgansessen, Weihnachtsmärkte und Muscheltöpfe nach rheinischer Art für eine Aufmunterung der herbstlichen Seele.

Lichtpunkte sind das reiche Kulturprogramm wie Konzerte, Schauspiel oder alle Sorten von Ausstellungen. Wenn einen dann aber trotzdem der Novemberblues packt, bleibt zum Glück die Notbremse einer Spontanbuchung in den Süden, und nach gut zwei Stunden hat man wieder Sonne im Herzen und eine Cerveza in der Hand und kann etwas auftanken für den Rest des Winters.

Zum Abschluss noch eine Mut machende Begebenheit für Deutschlandheimkehrer. Als ich kürzlich bei meinem Lieblingsbaumarkt war, kam ich mit einem jungen Angestellten ins Gespräch, dessen Namensschild den Spanier verriet. Wir fachsimpelten über das Leben in beiden Ländern. Ich fiel fast aus allen Wolken, als er mir erzählte, dass seine Familie vor einigen Jahren glückliche Gewinner bei der berühmten spanischen Weihnachtslotterie waren und das sage und schreibe von einem Gemeinschaftsgewinn von 4,2 Millionen Euro, er aber doch Deutschland als Hauptaufenthaltsort gewählt habe, weil er sich hier einfach wohl fühle!

Muss als doch etwas dran sein an der spichwörtlichen deutschen Gemütlichkeit...

Nicole Richtsteig

Die Gastgeberin –
nur weltoffene, tolerante Gäste

Ebba Douglas-Hill hat die chilenische und deutsche Staats-
bürgerschaft

Die Familie Douglas-Hill ist der deutsche Zweig eines schottischen Adelsgeschlechts, gehört zu den angesehenen alteingesessenen Familien und zu einer gewissen oberen Society-Schicht. Dennoch wird man die drei Geschwister, Angelika, die lebenslustige Maklerin, Ralph, den liebenswert-zurückhaltenden Zahnarzt und die temperamentvolle Ebba, verheiratet mit einem international renommierten Architekten, vergeblich in den üblichen Hochglanz-Klatschseiten neben Beispielen von „desperate housewives" suchen. Allen dreien ist gemeinsam, dass sie herrliche Geschichten aus ihrem Leben erzählen können, besonders Ebba mit ihrer Biografie, die die Internationalität eines modernen Lebens so gut widerspiegelt.

Ihr Vater, Bildhauer und Keramiker, Leiter der keramischen Abteilung an der Hochschule für Bildende Künste, Berlin, wurde 1962 pensioniert. Er und ihre Mutter, eine Theaterschauspielerin, planten eine Reise mit dem Auto durch Frankreich nach Südspanien in den Schulferien der Kinder. Sehr mutig in der damaligen Zeit, wenn man nicht nur die Straßenverhältnisse bedenkt. *Familie und Freunde lachen noch heute darüber, dass der wahre Grund für das Urlaubsziel Málaga der schrecklich süße Moscatelwein aus Cómpeta war, den spanische Schüler vor langer Zeit mal meinem Vater schenkten.*

Ebba Douglas-Hill: Mein Vater fand diesen Wein umwerfend und wollte nun selbst dieses Anbaugebiet in Augenschein nehmen. Meine Eltern waren hingerissen von der noch nicht bauverschandelten Landschaft, dem angenehmen Klima, den sympathischen noch touristenungewohnten Andalusiern, und als Sahnehäubchen obendrauf vom wunderbaren Wein. Kurzerhand wurde entschlossen: Wir bleiben hier!

Wie hat man sich das vorzustellen - so kurz entschlossen ?

95

Wir Kinder kamen gar nicht mehr zurück nach Deutschland, sondern wurden gleich in der Dorfschule von Los Rubios untergebracht. Eigentlich war es die kleine Kirche, die die Funktion eines großen Klassenzimmer während der Woche übernahm. Hier wurden gleich mehrere Schüler verschiedener Altersgruppen von der strengen Doña Dolores, der Schwester des Dorfpfarrers, unterrichtet. Ab und zu bekam jeder mal eins hinter die Löffel, nur wir nicht. Das waren allerdings auch die einzigen Privilegien als Ausländer, sonst wurden wir recht hart dran genommen. So haben wir Kinder uns rapide integriert, schnell mit der hiesigen Mentalität angefreundet und bald redeten wir wie die Einheimischen. Währenddessen hatten sich meine Eltern mit Erfolg nach einem Grundstück umgeschaut. Ihr Traum - und das als Künstler! – war es, ein Grundstück mit glücklichen Hühnern und eigenen Avocado-Bäumen zu besitzen. So sind wir mit einem Haufen verschiedener Tiere, Eselchen inbegriffen, und selbst angebautem Gemüse auf dem Land aufgewachsen.

Wie war das Leben als Teenager um jene Zeit hier?

Eigentlich sehr lustig, aber ‚behütet'! Die spanischen Familien, mit denen wir verkehrten, hatten jede Menge Kinder, da war immer was los. Allerdings musste man sehr vorsichtig sein, wenn ein junger Mann einem den Hof machte, ging man ein paar Mal mit ihm aus, war man quasi mit ihm verlobt, und wenn man gar mit drei verschiedenen Jungs ausging, dann war der gute Ruf als Mädchen ruiniert. Die Spanierinnen haben die Selbständigkeit meiner Mutter sehr bewundert, selbst ein Auto zu fahren und mit den Behörden klar zu kommen, mit Banken zu verhandeln und sogar alleine zum Arzt zu gehen. Nein, das war doch damals in den 60ern unter der Francoherrschaft wirklich unglaublich! Genauso war mein Vater eine Sensation, weil er, der Professor, mit einer Wünschelrute Wasser suchte.

Und dann kam ziemlich bald Ihre Hochzeit?

Man stelle sich vor: Ich bin beinahe seit 40 Jahren verheiratet – und zwar mit demselben Mann! Eigentlich sollte ich nach meinem Abitur in Deutschland studieren, verständlicherweise hatte ich keine Ambitionen mehr, fortzugehen. Leider gab es damals noch keine Universität in Malaga, nur eine Kunst-und Gewerbeschule, an der ich mir schnellstens einen Studienplatz sicherte, sehr zur Freude meines Vaters. Bald aber endete meine vielversprechende akademische Laufbahn und ich interessierte mich nur noch für Mann, Sohn und Haus mit Schwerpunkt ‚Kochen'-meine große Leidenschaft. Besonders die marokkanische Küche hat es mir angetan, für mich eine der besten der Welt. Mein Mann, Albert Benchetrit, baute viel in Marokko, so dass wir dort unseren zweiten Wohnsitz einrichteten.

Mein Sohn besuchte das französische Lyzeum in Casablanca, und damit er ordentlich Deutsch lernt, verbrachte ich die Schulferien mit ihm immer in Deutschland bei meinen ‚alten' Freundinnen.

Was ist für Sie das Faszinierende an Marokko ?

Erst einmal: die umwerfende Gastfreundlichkeit! Wird man eingeladen, dann werden dazu auch Freunde eingeladen, damit man Gesellschaft hat und bei 10 Gästen wird für mindestens 40 gekocht! Das Land hat eine atemberaubende und vielseitige Landschaft. Die Marokkaner sind unwahrscheinlich kunstfertig und stellen wunderschöne Dinge her. Mich beeindruckt am meisten das friedliche Zusammenleben von Christen, Moslems und Juden - wie vom alten „Al Andalus' berichtet wird. Oft lädt man sich gegenseitig zu den verschiedenen religiösen Feierlichkeiten ein. Dank der Königsfamilie, die dieses weltoffene Verhalten stark fördert.

Sie führen ein großes Haus mit vielen Gästen – ähnlich den früheren Salons – welche Eigenschaften müssen Ihre Gäste mitbringen, um von Ihnen eingeladen und so liebevoll bekocht zu werden?

Ich koche wie gesagt leidenschaftlich gern - neben Gärtnern als meinem zweiten Hobby – lade aber nie mehr als sieben oder acht Gäste ein, damit man sich auch mit jedem unterhalten und wirklich interessante Gespräche führen kann. Meistens wird es sehr spät, bis die Letzten gehen. *Meine Gäste müssen entgegenkommend, tolerant und respektvoll anderen Kulturen, Traditionen, Hautfarben etcetera gegenüber sein,* das ist mir sehr wichtig, und oft sprechen wir am Tisch vier verschiedene Sprachen! Zur Zeit diskutieren wir das Buch von Peter Scholl-Latour „Zwischen den Fronten", das ich allen, besonders auch Politikern, ans Herz lege, weil er profunde Kenntnisse der verschiedensten Kulturen vermittelt.

Anmerkung: *Wenig später zog Ebba mit ihrem Mann in die Nähe einer Seniorenresidenz unter deutscher Leitung in Marbella, da ihre Mutter unter Alzheimer litt und pflegebedürftig wurde. Sie kümmerte sich rührend jahrelang um sie bis zu deren Tod. Nicht genug: Nun leidet ihr 20 Jahre älterer Ehemann unter Demenz, Ebba pflegt ihn zuhause in der schönen neuen Wohnung, die zu einem von ihrem Mann noch entworfenen Komplex nahe am Meer gehört. Hier übernahm sie jahrelang erfolgreich die Präsidentschaft der Eigentümerversammlung und wurde außerdem in den Gemeinderat für internationale Beziehungen gewählt.*

Die Kulturveranstalterinnen

Gesa von du Prel:

Gesa von Duprel bei der Gästevorstellung

Hast Du nach zwanzig Jahren immer noch Spaß daran, dem Club 2000 vorzustehen und die vielen Veranstaltungen zu organisieren?

Aber ja doch! Und ich will mich auch weiterhin einbringen, will auch noch weitermachen als Präsidentin. Übrigens muss ich heute keine Referenten mehr suchen, die rennen mir eher von alleine „die Bude ein!" Ich habe ja immer schon organisiert, auch an meinem früheren Wohnort München: Da rief ich ein Fränkisches Theater ins Leben, dann später in Bad Kissingen ein Schlosstheater, führte einen ´Salon´, wo ich Künstler aus Musik, Theater, Malerei zusammenführte.

War Dir das von der Familie her in die Wiege gelegt?

Meine Mutter hat gemalt, auch Gedichte geschrieben. Aber sonst komme ich aus einer Ärztedynastie, mein Vater ist Chirurg, mein Onkel Kinderarzt, mein Bruder in der Forschung, und ich selbst bin ja ausgebildete Allgemein-Ärztin.

Und das alles neben sieben eigenen Kindern?

Ja, bis einschließlich zum dritten Kind habe ich in einer Klinik auch den Beruf ausgeübt. Ich kam aber schon vor 26 Jahren mit meinen beiden jüngsten Kindern, damals 13 und 14 Jahre alt, nach Marbella, es war auch ein Neuanfang nach meiner Scheidung. Ein wichtiger Grund für die Ortswahl war die Deutsche Schule in Marbella, auf die ich meine Kinder schicken konnte, obwohl der hohe Schulbeitrag nicht einfach aufzubringen war für mich. Aber ich hatte mir ja seinerzeit geschworen, dass ich alle meine sieben Kinder bis zum Abitur bringen wollte und das ist mir auch gelungen.

Das klingt nicht nach einem einfachen Leben, aber ich kenne Dich nur fröhlich, in farbenprächtigen Hippie-Gewändern - was ist Dein Geheimnis?

Ja, das ist meine Mode, davon lasse ich mich auch nicht abbringen. Schon mein Vater sagte zu mir: *"Du bist das Fröhlichste aller Deiner fünf Geschwister!"* Ich finde, man kann nur optimistisch durchs Leben gehen.

Natascha Michnow:

Natascha Michnow, Gründerin der Literatur- und Kulturfreunde, Costa Blanca

Seit 2008 widmet sich Natascha Michnow der Pflege der deutschsprachigen Kultur an der Costa Blanca. Und dies in professionellen Veranstaltungen mit allen technischen Finessen, wie sie auf dem Gebiet leider selten zu finden sind. Da spielt sich vieles, unter uns, noch in Hinterzimmern von Gaststätten ab mit einer störenden Geräuschkulisse der Bewirtungen, allenfalls gibt es bei Lesungen ein bisschen musikalische Begleitung.

„Ich habe da eben so meine eigenen Ideen", bekennt die ehemalige Geschäftsfrau und Unternehmerin aus München, *„meine Begeisterung für Künstler aller Art ist grenzenlos, und die haben einen ästhetischen*

*Hintergrund und dekorative Be*gleitung verdient."

So arbeitet sie mit Sponsoren und ausgebildeten Technikern zusammen, mit denen sie Videoshows erstellt, die die Besucher schon beim Eintritt empfangen und einstimmen. Selbstverständlich, dass zu den Auftritten – ob Lesungen oder Vernissagen - professionell eingestellte Mikrofone und Hintergrunddias gehören.

Ihre kulturelle Bilanz kann sich sehen lassen: Sie kriegt Stars wie Gabriele Krone-Schmalz oder den holländischen Poeten Germain Droogenbroodt zur Buchvorstellung wie die Schweizer Malerin Romy Köster zur Ausstellung oder Jakobswegpilger zum Erfahrungsbericht, um nur jüngste Beispiel zu nennen. Dies alles vor ´full house` und mit großer regionaler Presseberichterstattung.

Natascha gibt zu, dass oft auch Neider im Spiel sind, dass nicht alle Künstler pflegeleicht seien, dass es nicht immer einfach ist, geeignete Lokalitäten zu finden, aber dass der Erfolg dies alles aufwiege. Sie ist ein Beispiel für eine selbstbewusste Organisatorin mit großem Herzen für Kulturschaffende, sieht uns Frauen *„auf dem Weg wieder zum Matriarchat"* und sagt von sich selbst: *„Ich bin unbezahlbar!"*

Die Frauenstammtischgründerin

Jeden zweiten Donnerstag treffen sich circa 15 Frauen zum Meinungs- und Erfahrungsaustausch, initiiert von Andrea Wirk, links vorne

Wie kamst Du auf die Idee, einen Frauenstammtisch zu gründen?

Ich wohnte in Estepona am Altstadtrand in so einem typischen 7-Stockwerke Wohnhaus zur Miete, aber um mit den dortigen Hausfrauen und Müttern zu kommunizieren, war einerseits mein Spanisch zu schlecht und ich vielleicht aus deren Sicht zu exotisch, überhaupt finde ich es schwierig, mit echten Einheimischen in Kontakt zu kommen.

Was hast Du vorher in Deutschland für einen Beruf ausgeübt?

Ich war Sozialarbeiterin im Jugendbereich, zuletzt Jugendpflegerin der Stadt Giessen. Aber ich hatte schon immer im Nebenjob Websites gestaltet und bin jetzt froh, dieses Hobby zu meinem Hauptberuf machen zu können. Und so rief ich über meine gut besuchte Homepage und auch mit Hilfe der Zeitungen zu so einem Treff auf. Und es klappte prima: Wir sind ein harter Kern von acht Frauen, und es kommen zu den Donnerstagabenden oft bis zu 20 Besucherinnen.

Wie ist die Zusammensetzung in diesem Club?

Wir sind vor allem deutsche Frauen, sehr zu meinem Bedauern haben wir nur eine spanische Frau unter uns, die ihr Deutsch als Übersetzerin vervollkommnen möchte. Was mich sehr freut: Wir haben einen Durchschnitt von 35 bis 80 Jahren aufzuweisen und eine gute Mischung aus Berufstätigen, Hausfrauen mit Kindern und Rentnerinnen.

Sind Männer erlaubt und gibt es ein Clubprogramm?

Nein, Männer sind nicht erlaubt. Und so können wir offen auspacken zu fortgeschrittener Zeit – da geht es oft richtig zur Sache! Wir haben auch mal versucht, ein Programm zu organisieren, aber sind zu einem wahren Frauenstammtisch zurückgekommen, wo wir uns nach einem langen Tag um 21.00 Uhr ohne Organisationsstress treffen, miteinander etwas trinken und Meinungen und Gedanken austauschen und das in einem so typischen entspannenden Ambiente einer gemütlichen „Hafenkneipe".

Nun feiert gerade Deine Gründung „Femyloca" (= „verrückte Frauen") Jubiläum und Du ziehst fort – wie kommt das?

Tja, ich habe über meinen Website-Job meinen neuen Freund, einen Spanier aus Granada, kennengelernt, und Granada ist meine Traumstadt! *

Wird „Femyloca" nun ohne seine Gründerin überleben?

Aber klar! Wie gesagt, es hat sich ein harter Kern herauskristallisiert, und Anne hat sich bereit erklärt, Anlaufstelle zu sein. Aber was mich sehr freute: Nachdem ich über meine Homepage meinen Umzug bekanntgab, meldete sich bereits eine Frau aus den Alpujarras (Gebirge unterhalb Granadas) mit der Anfrage, wann ich denn einen Frauenstammtisch dort ins Leben rufen würde!

---

* Es gab auch bald darauf einen Frauenstammtisch in Granada!

Selbstbewusstsein mit der Muttermilch

Ich hatte das lange Zeit für ganz normal und gängig gehalten, so wie ich und mein drei Jahre jüngerer Bruder von unseren Eltern erzogen worden waren: fair und gerecht. Wir hatten beide dieselben kleinen Pflichten im Haushalt zu übernehmen: Wenn ich an einem Tag mit Geschirrabtrocknen dran war, dann musste er Milch holen beim Bauern, und am nächsten Tag war es umgekehrt.

Erst sehr viel später staunte ich nicht schlecht, als ich von Frauen hörte, dass es gang und gäbe war in deren Familie, für alle Haushaltsverrichtungen nur die weiblichen Kinder heranzuziehen. Auch mein Mann hörte sogar von seiner Mutter, wenn er selbst mal die Schuhe putzen wollte: *»Gib her, du machst dich nur schmutzig.«* Als er auf seine Selbständigkeit pochen wollte, hörte er: *»Dafür hast du doch später eine Frau!«* — Da hat er dann allerdings entgegen der schwiegermütterlichen Prophezeiung aus ihrer Sicht Pech gehabt.

Spätere Nachfragen ergaben, dass so revolutionär die Erziehung meiner Mutter - es war vor allem ihr Einfluss, da ja die Väter dieser Generation „draußen" im Beruf waren - gar nicht war, denn schon meine Großmutter hatte es bei drei Söhnen und drei Töchtern vor dem Zweiten Weltkrieg so gehalten.

Meine Mutter war alles andere als eine „Nur-Hausfrau, eher glich sie der jener Werbung, die sich als „Unternehmerin einer kleinen Familienfirma" bezeichnete. Besonders imponierte mir, dass sie sich und uns die Kleider selbst kreierte und auch somit als einzigartige Modelle sozusagen schneiderte.

Jetzt muss doch mein Vater ins Spiel kommen. Anscheinend bin ich nämlich eine Ausnahme von der »Vater-Töchter-Regel«, wie sie der Spiegel in einem Artikel über Karrierefrauen aufstellte. Danach hatten erfolgreiche Frauen von Jil Sander bis Rita Süssmuth eine starke Bindung zum Vater, der vor allem auf eine ordentliche Berufsausbildung für das Mädchen drängte. Diese Väter von Karrierefrauen waren selbst erfolgreiche Manager oder selbständig.

Also, was den erfolgreichen Manager angeht (mein Vater war ein „hohes Tier" in einem Chemiekonzern) - das stimmt dann wieder mit dem gefundenen Raster überein, aber sonst war es bei mir doch etwas anders. Mein Vater behauptete nämlich: *»Für das Mädel genügt mittlere Reife, die heiratet dann sowieso.«* Da hatte er allerdings nicht mit meiner Mutter gerechnet. Die verbündete sich mit meiner Lehrerin, einer resoluten Anfangsfünfzigerin, und dann kreuzten sie zu zweit bei meinem Vater auf und bearbeiteten ihn, dass es doch schade um mich wäre, ich Talente und das Zeug zu mehr hätte und dergleichen.

Aber, damit sich keine Missverständnisse einschleichen: Die Ehe meiner Eltern war eines der seltenen harmonischen und guten Beispiele für diese Institution, so gut, dass ich später nicht heiraten wollte, weil ich glaubte, so eine Harmonie würde ich mit niemandem finden können. Mein Vater war zehn Jahre älter und eben konservativer als meine Mutter. Das führte vor allem in meiner Pubertät zu gewaltigen Streitereien und Auseinandersetzungen. An einen Abend erinnere ich mich sehr gut, weil mein Bruder heimlich ein Tonband mitlaufen ließ — heute ein unschätzbares Dokument unserer damaligen Familienatmosphäre, bei der keine Probleme unterdrückt, sondern gleichsam in reinigendem Gewitter geklärt wurden.

Betroffen war davon auch mein Mann, der später als Augen- und Ohrenzeuge solcher Familien"streitereien« den Mund vor Staunen nicht mehr zubrachte und natürlich selbst häufig Opfer meiner Offenheit war, der er anfangs ganz hilflos gegenüberstand. War er doch genau gegenteilig erzogen worden, zur falschen Rücksichtnahme, wie ich das diagnostiziere.

Meine Mutter war es, die oft darauf drängte, nach einem gemeinsam Fernsehspiel (ein heute leider vernachlässigtes Genre) darüber zu reden. Sie wollte auch mit uns über unsere Bücher reden, und wir gaben ihr das zu lesen, wovon wir selbst begeistert waren, von Mary McCarthy bis Sartre. Zitat meiner Mutter: »*Meine Güte, da bin ich manchmal erschrocken, was die mit fünfzehn Jahren alles lasen, aber ich habe mir nichts anmerken lassen!*« Und wusste doch so, was in uns vorging.

Noch eines unterschied mich von meinen Freundinnen: Meine Eltern befleißigten sich während meiner Pubertät einer etwas großzügigeren Ausgehregel. Ich durfte meist eine halbe Stunde länger bleiben als meine beste Freundin. Dafür war aber abgemacht, dass ich diesen Termin pünktlichst einhielt, mit höchstens zehn Minuten Toleranz. Ich war fast immer pünktlich, und so durfte ich das nächste Mal eine halbe Stunde länger ausbleiben. Verständlich, dass diese Fairness-Regel bestens funktionierte: Ich wurde von meinen Freundinnen glühend beneidet. Mussten die doch zu allerlei Tricks und Ausreden greifen. Und die flogen dann immer auf und es gab Hausarrest.

Ich weiß eigentlich erst, seit ich die Dreißig überschritten hatte, was ich an dieser Erziehung und vor allem an meiner Mutter hatte. Als ich bei meiner ersten Arbeitsstelle so fünf Jahre älteren Frauen begegnete, fand ich die ungeheuer patent, sah aber, dass die oft nicht für fünf Gramm Selbstbewusstsein hatten und jeden Tag darum kämpften, mehr daraus zu machen!

Es stellte sich meist heraus, dass sie eine Mutter hatten, die sagten: »*Die Mädchen sollen gefälligst im Haushalt helfen*«, während die Buben mit dem Fußball toben durften. Heute oft noch auf dem Land üblich.

Ich habe das lange nicht verstanden, diese ohnmächtigen Reaktionen, die ich zuerst für Rückgratlosigkeit hielt, für weibisches Anbiedern und Unterordnen. Aber diese Frauen konnten sich nicht nur keinen Ruck geben, um Frechheiten der Chefs mit ebensolcher Münze heimzuzahlen, es fielen ihnen gar keine Frechheiten ein!

Selbstbewusstsein musste ich mir also nicht in Seminaren antrainieren. Will ich mal irgendwo ein Weiterbildungsseminar eigens für Frauen in Führungspositionen besuchen, so vergeht mir schon der Appetit darauf, wenn ich lese, dass der erste Seminartag verplant ist mit einem

Training für mehr Selbstbewusstsein. Doch diese Seminarangebote scheinen auch dank der Nachfrage so langlebig zu sein...

Im übrigen aber bin ich der Meinung, dass Selbstbewusstsein leider nicht nur vielen Frauen abgeht, sondern vielleicht ebenso vielen Männern. Nur ein selbstbewusster Mann halt eine selbstbewusste Frau auch aus und geht nicht gleich in Verteidigungsstellung mit darauf folgendem Frontalangriff.

Selbstbewusstsein wie ich es verstehe, mag ich allerdings wohl endlich definieren. Es bedeutet: seine Fähigkeiten genau zu kennen und auszunutzen, aber auch seine Grenzen — und diese dann vielleicht immer mehr hinauszuschieben.
Hätte ich einen Wunsch fürs Berufsleben frei, so nur den: Lasst es mich nur mit ebenfalls selbstbewussten, souveränen Gegenübern zu tun haben!"

Dieser Text ist ein gekürzter Auszug aus einem Kapitel meines Buches „Kann Erfolg den Sünde sein", dass ich, seinerzeit noch in Festanstellung, unter Pseudonym schrieb. Leider ist es vergriffen, nach zwei erfolgreichen Auflagen.

Die Helferin

Sharon Sands in Haiti nach dem großen Erdbeben
(Foto Udo Lenze)

Vorweg: Dies ist quasi ein „Interview aus zweiter Hand": Ein Mitreisender, der Kabarettist und Musiker Udo Lenze, wird nach Rückkehr von mir interviewt, weil *Sharon Sands selbst vor Ort in Haiti geblieben ist. Dazu die **Informationen zur beschriebenen Katastrophe und zu Haiti:** die Erdbebentoten in Haiti beliefen sich auf 212.000, die Verletzten auf 300.000, die Obdachlosen auf über eine Million bei vorher 9 Millionen Einwohnern. 120.000 AIDS-Infizierte sind registriert, nahezu jede 2. Frau im gebärfähigen Alter ist schwanger. Haiti hat die höchste HIV-Infektionsrate außerhalb von Afrika. Jeder zwanzigste Haitianer ist infiziert, alle* *zwei Stunden kommt ein Neugeborenes bereits HIV-positiv zur Welt. Und schon 200.000 Kinder haben durch AIDS ihre Eltern verloren. UNICEF verstärkt die AIDS-Aufklärung für Jugendliche in den Slums, unterstützt die Gesundheitsvorsorge für werdende Mütter und hilft bei der Betreuung von Waisen. Über 65 Prozent der Bevölkerung leben unterhalb der Armutsgrenze. Rund 50 Prozent der Bevölkerung im erwerbsfähigen Alter sind arbeitslos, die Hälfte der Bevölkerung ist unterernährt. 1,9 Millionen Haitis sind chronisch unterernährt. Die Analphabetenquote liegt bei 50 Prozent, obwohl eine sechsjährige Grundschulpflicht besteht.*

Wie kommt man auf die Idee und zu der Gelegenheit, nicht nur zu spenden für die Erdbebenopfer von Haiti, sondern selbst vor Ort zu helfen?

Vor einiger Zeit lernte ich Sharon Sands, die Präsidentin der Charity-Stiftung „Love a Child „ kennen. Sie fragte mich, ob ich nicht mitkommen wolle zu ihrer Reise nach Haiti, um einen Film darüber zu drehen, der dann für weitere Spenden dienen solle. Die Organisa- tion gibt es ja schon länger, sie arbeitet international mit Projekten von Burma bis Ecuador, die ausschließlich direkt Kindern zugute kommen, wie Heime für verlassene, missbrauchte und Waisen-Kinder. Tatkräftige Sponsoren, darunter zum Beispiel ein persisischer Millionär, bezahlten unsere Tickets, die Kosten für die LKWs mit den Hilfsgütern und andere damit zusammen hängenden Ausgaben.

Wie war nun die Reiseroute bis zur zerstörten Hauptstadt von Haiti, man hört ja Abenteuerliches?

Wir flogen über London direkt nach Santo Domingo, der Hauptstadt des Nachbarstaates Dominikanische Republik. Dort erwartete uns ein Einheimischer mit guten Kontakten etwa zur CNN, der die Fahrt organisierte und sich auch gut im Gelände auskannte, außerdem verhalf er uns zu weiteren Kontakten für die Grenzformalitäten und Dolmetscher für die Haitianische Landessprache Kreol. Wir waren insgesamt ein gutes Team von fünf Leuten aus den Ländern England, Deutschland, Spanien, Haiti und Dominikanische Republik. Wir hatten vor allem Wasser, Reis, Bananen und Kekse dabei, Medikamente, gespendet von Hospitälern, Geschenke, gesammelt von Kindern. Bis zur Grenze von Haiti sind es sechs Stunden mit dem Jeep, an der Grenze mussten wir eine Stunde warten und 35 Dollar an einen Bediensteten vom Zoll zahlen, der uns dann bevorzugt über die Grenze brachte.

Damit sind beim Thema Korruption - wie stellte sich das dar?

Also Korruption würde ich das nicht nennen, die 35 Dollar. **Das Volk dort ist so unglaublich arm**, das ärmste der westlichen Hemisphäre, das viertärmste der

Welt. Mit einer Gabe von 10, 20, 30 Dollar erhält man umfassende Gegenleistungen, Hilfe und Tipps, die dort einer Familie zum Überleben dienen, uns aber auch den Weg ebneten.

Ist der Unterschied wirklich so groß wie im TV geschildert auf derselben Insel zwischen der Dominikanischen Republik und Haiti?

Es ist krass: Man landet in Santo Domingo auf einem normalen Flughafen, mit allen touristischen Einrichtungen, mit fröhlichen Leuten, die zu der Zeit gerade ihren farbenprächtigen Karneval feierten, man fährt weiter durch ein erschlossenes, blühendes, grünes Land mit herrlichen Mangrovenwäldern, Palmen, vielfältiger bunter Tierwelt, die einen zum Staunen bringt, und kommt über die Grenze: Von einem Kilometer zum nächsten sind die Wege holperig und staubig, die Berge kahl, man sieht keinen Baum mehr: Das alles wurde abgeholzt, entweder verkauft oder fiel den Feuerstellen der Leute zum Opfer. Auffallend: auch kein Vogelzwitschern ist mehr zu hören.

Ihre ersten Eindrücke bei der Ankunft im Erdbebengebiet?

Wenn man nach Port-au-Prince kommt, sieht man erst einmal Trümmer, wohin man blickt, dazwischen hocken oder schleichen Menschen mit grauen, apathischen Gesichtern, wie Schatten ihrer selbst. Es war schockierend. Die Menschen trauen sich auch nicht in die stehengebliebenen Stockwerke von Häusern, sie wissen, dass diese nicht erdbebensicher gebaut sind, im Gegensatz zur Dominikanischen Republik, wo man nur einstöckige Gebäude mit Ringankern sieht. Sie schlafen nachts draußen auf den Trümmern, in Zelten, auf Beton, es ist dunkel, man hört keine Musik. Ich habe den makabersten Flohmarkt der Welt gesehen: ihre letzten Kleiderreste bieten die Haitianer über die staubige Steine gelegt aus. Die UN warnt vor körperlichem Kontakt dort als Vabanquespiel mit dem eigenen Leben wegen der hohen Aidsrate, von der Armut und der Arbeitslosigkeit ganz zu schweigen. Mir wurde klar, die Menschen in Haiti können sich noch lange nicht selbst helfen, sie brauchen noch lange unsere Hilfe von außen für die geringste Basisausstattung.

Wie konnten Sie nun vor Ort konkret helfen?

Zunächst einmal fuhren wir direkt zum Flughafen zum Lager der UNICEF. Diese koordiniert circa 140 von 900 vor Ort tätige Hilfsorganisationen. Ohne diese Organisation geht nichts, wüßte man nicht, wo anfangen. Bei der Gelegenheit merkten wir auch, dass es in Haiti mit der gleichnamigen Bezeichnung „Love a Child Inc." eine etwas dubiose religiöse amerikanische Gesellschaft gibt, die ein Waisenhaus betreibt und bei der

UNICEF nicht gerade im besten Ruf steht. Sharon erwägt eine Namensänderung, damit ihre Organisation nicht mit ihnen in den gleichen Topf geworfen wird.

Die UNICEF schickte uns also an die Stellen in die Stadt, wo wir unsere Wasserflaschen und die Lebensmittel verteilen konnte, sie zeigte uns den Weg zum provisorischen Rot-Kreuz-Zelt-Krankenhaus, das dort verletzte und amputierte Kindern pflegte. Wir sahen viele große Zeltstädte und wir waren auch bei der Einweihung einer solchen dabei. Schon mit den kleinsten Gaben wie Wasser und Bananen kann man helfen, ein Lächeln auf das Gesicht eines Kindes zaubern, wenn man es nicht verjagt, weil es einem die Windschutzscheibe beim Halt putzen will. Dieses Kind braucht mit seiner Familie den Dollar wirklich.

Zurück zuhause – wie fühlt man sich da?

Zuerst einmal hatte ich den Gedanken, wie oberflächlich wir hier leben, wie nichtig doch unsere Problemchen sind, ob der Aktienkurs um zwei Punkte gestiegen ist, ob ein Fluglotsenstreik droht, ob ein Filmsternchen in diesem oder jenem Hotel abgestiegen ist. Man überlegt: Wie wäre es denn, wenn wir hier von einem Tag auf dem anderen vor dem Nichts stünden, wenn hier alle Gebäude zusammenbrechen würden? Gegenüber den Haitianern kam ich mir plötzlich ganz klein vor und lebe heute bewusster.

Die Mutigen – der Mauerfall, die Freiheit und die Wende

Bruni Gerat, hochschwanger über Checkpoint Charlie

Bruni Gerat: Ich hatte einen guten Job in Ostberlin, war im Ministerrat für Statistik zuständig für die Direktiven der Plansolls, besaß sogar ein Haus am Berliner Stadtrand. Als ich ablehnte, für die STASI Spitzeldienste auszuüben, verlor ich meine Arbeit.

Ich lernte dann einen „Wessi" kennen und lieben und stellte 1978 einen Heirats-Ausreiseantrag. Der wurde mir genehmigt, nach 17stündigem Verhör und nachdem ich einen notariellen Verzicht auf das Haus unterschrieb. Die Ausreise wurde wieder und wieder verzögert und ich - hochschwanger bereits - immer nach dem vermuteten Geburtsdatum meines Kindes befragt. Heute weiß ich warum: Man hätte mir das

Baby wahrscheinlich weggenommen zur Zwangsadoption! Doch am 6. Dezember kamen noch keine Wehen, dafür der Ausreisebescheid, und damit eilte ich zum Checkpoint Charlie.

Dort erklärte mir der DDR-Beamte, das sei der falsche Übergangspunkt, ließ mich aber dann über die Grenze, als ich weinend auf meinen Bauch deutete. Meine Tochter, die später bekannte Schauspielerin Jasmin Gerat, brachte ich am Weihnachtstag in Westberlin zur Welt. Ich fand damals schnell wieder Arbeit mit meinen Statistik-Kenntnissen bei einer großen Versicherung.

Am 9. November 1989 waren wir mit Freunden im Westberliner Restaurant „Hemingway's", sahen im Fernsehen die Leute über die Mauer klettern, sagten uns: Nichts wie los zur Mauer. Wir fielen uns auf offener Straße mit wildfremden Menschen um den Hals. Einen Tag wie diesen vergisst man im Leben nie. Und ich besonders, wo ich so für meine Freiheit kämpfen musste."

Dieses und das folgende Interview fanden zu einem runden Mauerfall-Jubiläum statt.   *G.H.*

Cornelia Borgwaldt: Ich bin Hallenserin, geboren 1966, bin ausgebildete Röntgenassistentin, war dort an der Uni-Klinik tätig. Meine Familie hatte mit dem damaligen System nichts am Hut, wir hatten deshalb aus Vorsicht nur einen kleinen Freundeskreis.

Natürlich hatte ich vor dem Mauerfall schon Fluchtgedanken! Ich wollte ins Ausland reisen, fremde Länder kennen lernen und vor allem meine Meinungen frei äußern können. Meine Mutter jedoch war zu ängstlich. Und ich wollte sie nicht alleine zurücklassen, dass sie deshalb Schikanen ausgesetzt würde.

Als ich aber im Fernsehen sah, dass die Ungarn die Grenze öffneten, und dann auch noch eine gute Freundin von mir darüber in den Westen ging, stellte ich einen Visaantrag für Ungarn für mich und meinen zweijährigen Sohn, machte mir aber wenig Hoffnungen auf Genehmigung, weil ich Tage vorher verhört wurde zur Flucht meiner Freundin. Doch zu meinem Erstaunen erhielt ich die Ausreisegenehmigung nach Ungarn, flog nach Budapest, und am Flughafen brachten uns Taxifahrer bis hinter die österreichische Grenze. Dort wurden vom österreichischen Roten Kreuz Busse zur Verfügung gestellt, die uns in ein schnell umfunktioniertes Bundeswehrlager in Passau brachten. Am Morgen des 7. November 1989 kam ich in Hamburg an, dort konnte ich direkt zu meiner Freundin ziehen.

Noch am selben Tag bekam ich einen Kindergartenplatz für meinen Sohn. Und am 9. November beantragte ich meinen ersten bundesdeutschen Pass. Mit diesem reiste ich Ende Dezember für ein paar Tage zu meinen Eltern. Das war ein wunderschönes Gefühl.

Ich wurde sofort auch in Hamburg als Röntgenassistentin in die Uni-Klinik vermittelt. Leider konnte ich nicht immer in meinem alten erlernten Beruf arbeiten, war lange Zeit Assistentin in einer Tier-Klinik, arbeitete parallel in einer Bäckerei, dann als Verwaltungsassistentin in einem Immobilienbüro. Ich war ja noch jung und flexibel genug, um Neues zu wagen.

Dann erhielt ich über einen Bekannten einen Job in einer Filiale einer Spedition, als der Juniorchef zum Hauptsitz in Leipzig ging, übergab er mir die Leitung.

C. Borgwaldt, alles andere als ein Trucker-"Babe"

Tante Erika und die Schulterpolster

Nach der „Wende", genau genommen im Herbst 1990, lernte ich endlich Tante Erika persönlich kennen. Sie war die älteste Schwester von Fritz, dem Lebensgefährten meiner Mutter, der wie Erika und seine ganze Familie aus Leipzig stammte. Er hatte sie oft mit geschmuggeltem Westgeld schon vor dem Mauerfall besucht.

Als ich nun das erste Mal beruflich dort zu tun hatte, fuhr ich also vom bekannten Hochhaushotel „Merkur", mit der Straßenbahn zu ihrer Wohnung. Alles war damals noch grau in grau - außer dem Schild am Stadteingang von Leipzig mit der grünen Aufschrift auf weißem Grund: *„Freistaat Sachsen"* und den Wohnwägen mit vielen roten Herzchen an der Einfallstraße.

Graubraun verwittert auch der Wohnblock, in dem Tante Erika die linke Erdgeschosswohnung bewohnte, die mich irgendwie an die Werkswohnung in meiner Kindheit erinnerte. Sie war ebenso neugierig auf mich wie ich auf sie, die früher zu ihrer berufstätigen Zeit Kostümbildnerin am Theater Leipzig gewesen war. Erika nahm mir mein quittengelbes Cape ab, wollte es an die Garderobe hängen und rief aus: *„Aber Kindchen, hier hast Du ja ein Schulterpolster zur Hälfte abgerissen, warte, das nähe ich Dir gleich an!"*. War mir gar nicht aufgefallen, damit lebte ich schon länger, war mir aber dann doch etwas peinlich, bei meiner Schlamperei erwischt worden zu sein.

Zuerst gab es aber starken Kaffee und Kuchen und wir wurden mit gegenseitigen neuesten Nachrichten der Familie und ihren Fragen nach meinem Beruf schnell warm.

Ich fand sie vom ersten Augenblick faszinierend, selbstsicher und auf eine angenehme Art neugierig. Und ich mochte gleich ihre unverblümte Art: *„Chic siehst Du aus, gefällt mir - wie Deine Mutter".* Schließlich verstand sie als ehemalige Kostümbildnerin etwas von Mode.

Als ich auf dem durchgesessenen Sofa Platz nahm, erinnerte mich wirklich an die frühen 60er Jahre auch bei uns, und die Beine übereinander schlug, kam ihr schneller Kommentar: *„Du hast aber stramme Wadeln!"* Nun, Tante Erika nähte neben der Kaffeebewirtung das rechte Schulterpolster bei diesem meinem ersten Besuch an. Als ich in meinen Mantel wieder rein schlüpfte, merkte ich, dass sie es verkehrt herum angenäht hatte mit ihren schon 90 Jahren, nämlich die dicke Seite des Polsters nach innen und nicht nach außen zum Armanfang hin. Aber Hauptsache wieder dran und nicht wie vorher herumbaumelnd.

Ich hatte sie zwei Jahre später noch ein zweites Mal mit Freude besucht, da gab es schon fertig den neuen Leipziger Bahnhof mit viel Glas, und Tante Erikas Wohnblock war mit einem Baugerüst versehen. Bei diesem Besuch erzählte sie mir begeistert, dass sie nun vom Westen eine plötzlich unerwartet gute Rente bekäme und sich nun viel neues frisches Gemüse und Obst ohne Schlangestehen kaufen könnte. Und fertigen Streuselkuchen, den es nun bei diesem meinem Besuch gab, denn sie könne ja bei ihrer Berufserfahrung besser nähen als backen.

Kurz darauf starb Erika friedlich mit 92 Jahren.
Ich habe übrigens das falsch herum angenähte Schulterpolster in meinem Designermäntelchen nie geändert, als respektvolles Andenken an Tante Erika.

Anhang

A) Interviews richtig führen

Das Interview ist eine klassische journalistische Gattung wie Nachricht, Reportage, Kommentar. Die allgemeine Meinung herrscht vor, dass ein Interview wohl das leichteste journalistische Genre sein müßte: Man vereinbart einen Termin, ob mit einem Politiker, Sportler, Popstar oder Halbseiden-Promi, stellt ein paar Fragen und reden muss das Gegenüber. Dann brauche man nur mitzuschreiben oder das Aufnahmegerät einzuschalten – fertig!

So viel zum leider weit verbreiteten Vorurteil. Deshalb hört und liest man auch so viele schlechte Interviews, in denen der Fragende entweder schlecht vorbereitet ist, nur auf „Spontaneität" hofft oder sich selbst interviewt. Besonders letzteres ist weit verbreitet, gerade auch unter Moderatoren von Talkshows: Der schlechte Interviewer hält zu lange Statements, statt Fragen zu stellen, will immer seine eigenen Erfahrungen einbauen, unterbricht die Antwortenden. Kein Rezipient will aber die Meinungen und Erfahrungen des Fragenden hören, sondern des Gastes.

Die Checkliste für gute Interviews

1. Vorher so viele Informationen wie möglich sammeln: Das Internet ist da enorm hilfreich, ebenso Zeitungsausschnitte. Durch Hintergrundinformationen lernt man den Gesprächspartner besser kennen, kann seine Antworten besser einordnen.

2. Keine langen Monologe halten, sondern einen **lebhaften Schlagabtausch erzeugen**, schneller hin und her wechseln zwischen den Gesprächs-Partnern, das gilt besonders im Radio und TV.

3. Nicht alles in die erste Frage legen, also nicht mehrere Fragen gleich zusammen packen.

4. Einer der häufigsten **Fehler: eine geschlossene Frage,** also solche, die das Gegenüber nur mit ja oder nein beantworten könnte. Wäre man boshaft, so beantwortete man die Frage auch nur mit einem kargen „Ja" oder „Nein"- wie es etwa Helmut Schmidt gnadenlos beherrschte. Die meisten dieser unglücklichen Fragesteller haben nur das Glück, dass sich zum Beispiel Politiker sowieso gerne reden hören und ihre Statements abspulen wollen.

5. Gut zuhören und nachhaken! Eigentlich selbstverständlich, aber in der Praxis beobachtet man auch bei Profi-Journalisten, dass sie nur auf ein bestimmtes Ergebnis hinaus wollen und überhören, welche Brisanz in einer Antwort gelegen haben kann, die sie hinterfragen müssten. Das gute Interview besteht auch aus gutem Zuhören! Bei mir bewährte sich, in ein Interview nur mit drei Fragen zu gehen: der ersten, einer weiteren, falls das Gespräch stockt und einer dritten, die ich unbedingt stellen will. Dazwischen aber höre ich gut zu und entwickele den Rest des Interviews aus den Antworten des Gegenübers. So ist es nämlich möglich, dass sich aus einem Frage-Antwort-Spiel ein echtes, spannendes Gespräch ergibt.

6. Nicht den Interviewten vorführen! Er ist kein Gegner, den es zu besiegen gilt. So lockt man den Interviewten nicht aus der Reserve, er wird sich eher zurückziehen oder sogar das Gespräch abbrechen.

7. Überschätzt wird ein **Tonaufnahmegerät:** Oft schreckt jeder Interviewte erst einmal davor zurück, versteift sich, weil es jetzt so offiziell, überprüfbar wirkt. Außerdem macht es viel zu viel Arbeit im Anschluss des Niederschreibens. Tipp: Immer mitschreiben, auch wenn es, gerade wieder in der Politik, gut sein kann, ein Aufnahmegerät mitlaufen zu lassen: Dann aber unbedingt den Interviewpartner dabei um Erlaubnis fragen, bitte nicht heimlich mitschneiden!

8. Das **Ambiente** macht viel aus, ob ein Befragter aus sich heraus geht. Nur in wenigen Fällen wird man in sein Zuhause eingeladen werden, das wäre allerdings ideal, weil die Umgebung viel über einen Menschen aussagt. Zu empfehlen ist aber auch ein Treffen in einem gemütlichen Rahmen wie Café oder Restaurant. In die Redaktion oder ins Studio einzuladen ist nur die drittbeste Lösung, geht aber bei Live-Interviews oft nicht anders, schüchtert allerdings besonders Laien auch ein. Dann den Interviewer nicht zeitknapp „überfallen", sondern behutsam vorbereiten, ihm das grobe Fragengerüst vielleicht vorstellen, auf die Besonderheiten der Medien etwas vorbereiten. Aber Vorsicht, nicht vor Beginn des Interviews schon das Interview führen, sonst meint der Befragte später, er habe ja schon alles gesagt.

Fazit: Schaffen Sie ein Ambiente des Vertrauens, aber: Kumpanei ist nicht angesagt! Bleiben Sie immer **neugierig und kritisch**, die Basis des Journalismus.

B) Das geschriebene Porträt

Es ist schwieriger als ein Interview, kann aber mehr vom Charakter und der Entwicklung eines Menschen zeigen. Erst einmal gilt alles, was ich in den vorigen Seiten einst zum guten Interview schrieb, auch als Voraussetzung für das Porträt. Also das Gegenüber reden lassen, sich nicht selbst interviewen. Nachhaken sowieso. Allerdings sollte man sich mehr Zeit nehmen, man kann auch gerne vom Thema abschweifen lassen, das alles dient der eigenen persönlichen Beobachtung und Einordnung.

Ein aktueller Aufhänger als Einstieg ist wichtig. Der wird meist in der Kurz-Zusammenfassung, dem Vorspann des Artikels genannt. Der Einstieg in das Porträt kann dann entweder direkt

- ein Zitat aus dem Interview sein,

- eine Kurzbiografie vorweg,

- eine richtig schöne ausführliche Anekdote wie die Gründungsidee eines Unternehmens,

- oder eine persönlichen Bemerkung des Autors.

- Beliebt sind auch statistische Einleitungen mit interessanten Zahlen.

-

Das ist nämlich der **große Unterschied zu einem Interview: Es fließen persönliche Bemerkungen des Autors in den Artikel ein.** Besonders beliebt als Überleitung zu den wiederum eingebauten Zitaten. Diese Mischung macht ein Porträt aus, macht es auch unterhaltsamer.

Von der äußeren Form her liest sich ein Interview allerdings leichter für den Rezipienten, es ist übersichtlicher. Deshalb „würzt" man im Print solche Profile gerne mit hervorgehobenen Extra-Kästen. Darin kann dann ergänzend vieles stehen, das nicht in den Fluss des Artikels passt wie etwa hier eine ausführlichere Biografie, die Kurzrezension eines Buches und Ähnliches. Hier kommen oft die Hintergrundinformationen zum Tragen.

Namensregister

Seite:

Weitere Werke der Autorin

Andalusien ist anders

144 S. 8,90 €. BoD. ISBN 978-3741251290 E-book 3,99
Eine informative und humorvolle Auseinandersetzung mit der südspanischen Welt, nicht unkritisch, aber immer mit Augenzwinkern. Mit dem Insiderwissen der Autorin eine ideale Ergänzung zu Reiseführern.

„Hefele kommentiert launig die Eigenheiten der Spanier und die Unterschiede zu jenen der Deutschen sowie den ganz normalen Wahnsinn des Lebens." **Passauer Neue Presse/ANA**

...oder man zieht aufs Land

104 Seiten . 7,90 Euro . BoD.de. E-Book: 6,49 Euro
Ein Leben auf dem Land im Einklang mit der Natur – ein Traum? Die Autorin verwirklichte ihn. Dorfleben kann auch seine Tücken haben. Man verliert Intimsphäre, gewinnt aber Nachbarschaftshilfe. Das schildert die Autorin in ihren Geschichten wie immer mit Humor und Ironie.

„Eine höchst unterhaltsame Lektüre zum Lesen zwischendurch oder gemütlich im Bett. Es ist ein nettes Mitbringsel für partielle und eingefleischte Landeier oder solche, die es werden wollen."
Ruth Weitz, Würzburg

Kuriose Tage

*Das Buch der originellen Gedenktage des Jahres . 100 S.
7,00 €. BoD .* E-Book 3,49 €

Die Autorin nimmt sich mit ihrem bekannten Sinn für
Humor und Ironie der originellsten Welt-, Aktions- und
Gedenktage übers Jahr mit ihren Ursachen an.

*Ich habe es in einem Rutsch gelesen. Es ist informativ, im
besten Sinne unterhaltsam und typisch Gabriele Hefele."*
Roland Marx, Vehrte

Saunageflüster

*Worüber Frauen tuscheln, lachen, lästern . 80 Seiten. 5,90 €
BoD.de . E-Book 2,99 €*

Das Buch hat drei Frauen im besten Genießeralter als Hel-
dinnen, die sich wöchentlich in der Sauna treffen und
nicht nur stumm vor sich hin schwitzen! Da wird ge-
tratscht und durchgehechelt, was das Zeug hält. Von Mo-
de- und Fitnessfragen bis Beziehungsproblemen im Urlaub oder Kinderwunsch.

„Wunderbar. Genau das Richtige auf einem Flug."
Pressestammtisch Osnabrück

132